MedR Schriftenreihe Medizinrecht

Forschung am Menschen

Herausgegeben von
H. Kleinsorge G. Hirsch W. Weißauer

Mit Beiträgen von E. Buchborn E. Deutsch
E. Gladtke U. Gundert-Remy H. Hasskarl G. Hirsch
L. Horbach H. Kleinsorge L. Koslowski A. R. Lang
G. Lewandowski H.-J. Sewering

Springer-Verlag
Berlin Heidelberg New York Tokyo

Professor Dr. med. Hellmuth Kleinsorge
Paul-Martini-Stiftung, Postfach 3048, D-6500 Mainz

Dr. jur. Günter Hirsch
Deutsche Gesellschaft für Medizinrecht e.V.
Willibald-Popp-Straße 3, D-8900 Augsburg 21

Dr. med. h.c. Walther Weißauer
Obere Schmiedgasse 11, D-8500 Nürnberg

Symposium der Deutschen Gesellschaft für Medizinrecht (DGMR) 25.1. 1985 in München

Fortführung der Reihe „RECHT und MEDIZIN“

ISBN 3-540-15827-8 Springer-Verlag Berlin Heidelberg New York Tokyo
ISBN 0-387-15827-8 Springer-Verlag New York Heidelberg Berlin Tokyo

CIP-Kurztitelaufnahme der Deutschen Bibliothek. Forschung am Menschen [Symposium d. Dt. Ges. für Medizinrecht (DGMR) 25.1. 1985 in München] / hrsg. von H. Kleinsorge ... Mit Beitr. von E. Buchborn ... – Berlin; Heidelberg; New York; Tokyo: Springer, 1985.
(MedR-Schriftenreihe)
ISBN 3-540-15827-8 (Berlin, Heidelberg, New York, Tokyo)
ISBN 0-387-15827-8 (New York, Heidelberg, Berlin, Tokyo)
NE: Kleinsorge, Hellmuth [Hrsg.]; Buchborn, Eberhard [Mitverf.]; Deutsche Gesellschaft für Medizinrecht

Gesamtherstellung: Appl, Wemding. 2119/3140-543210

Geleitwort

Die Deutsche Gesellschaft für Medizinrecht veranstaltete zusammen mit der Bayerischen Landesärztekammer, dem Münchner Kollegium für Therapieforschung und der Paul-Martini-Stiftung am 25. Januar 1985 in München ein Symposium zum Thema „Forschung am Menschen".

Das Thema wurde für die erste wissenschaftliche Veranstaltung der Deutschen Gesellschaft für Medizinrecht gewählt, um in Grundsatzfragen, die beide Disziplinen, das Recht und die Medizin, berühren, Verständigung zu suchen. In einer Zeit der Spezialisierung und Subspezialisierung, inmitten einer sich ausbreitenden babylonischen Sprach- und Begriffsverwirrung erscheint es besonders wichtig, daß Ärzte und Juristen ins Gespräch kommen und die spezifischen Problemstellungen der anderen Disziplin kennen und verstehen lernen.

Forschung ist in der Medizin unverzichtbar. Ohne sie gibt es keinen Fortschritt; der Auftrag der Medizin erfordert stetigen Erkenntniszuwachs. Die Medizin ist eine Erfahrungswissenschaft. Wegen der unendlichen Vielzahl der biologischen Komponenten, ihrer Reaktionen und Interaktionen, kann kein Arzt den Erfolg seiner Behandlung garantieren. Selbst der Routineeingriff bleibt, ex ante gesehen, ein Heilversuch.

Der Fortschritt der Medizin soll die Behandlungschancen berechenbarer machen, die immanenten Eingriffsrisiken reduzieren und neue Behandlungsmöglichkeiten eröffnen. Dieser Fortschritt vollzieht sich auf vielen Wegen. Wenn es aber darum geht, neue Erkenntnisse in die praktische Anwendung umzusetzen, führt kein Weg vorbei an der Erprobung am Menschen.

Wer den Fortschritt der Medizin zum Wohle aller will, kann den Versuch am Menschen nicht mißbilligen. Unser gemeinsames Anliegen muß es aber sein, daß er die Ultima ratio bleibt, daß alle anderen Möglichkeiten der Prüfung und Erprobung zunächst ausgeschöpft werden, daß die Mittel-

Zweck-Relation und das Selbstbestimmungsrecht des Patienten oder Probanden strengstens gewahrt werden, daß die Risiken durch eine sorgfältige Planung und Durchführung der Versuche auf ein Minimum reduziert werden.

Das Recht steht hier vor der schwierigen Aufgabe, einerseits die Interessen der Patienten und Probanden zu schützen, andererseits aber der Wissenschaft und Forschung die grundgesetzlich verankerte Freiheit (Art. 3 Abs. 3 Grundgesetz) zu gewähren. Dabei kommt in der Medizin der Forschung wegen der humanitären Zielrichtung besonderes Gewicht zu.

Mögen die auf dem Symposium gehaltenen Vorträge, die die Forschung am Menschen aus der Sicht verschiedener medizinischer Disziplinen sowie aus rechtlicher und rechtspolitischer Sicht behandelten und die im folgenden wiedergegeben sind, zur „praktischen Konkordanz" zwischen den betroffenen Interessen beitragen.

München, Januar 1985

W. Weißauer
Präsident der Deutschen Gesellschaft
für Medizinrecht

Inhaltsverzeichnis

Mitarbeiterverzeichnis

Prof. Dr. med. E. Buchborn
Medizinische Klinik Innenstadt der Universität München,
Ziemssenstraße 1, D-8000 München 2

Prof. Dr. jur. E. Deutsch
Juristisches Seminar, Abteilung für Internationales und
Ausländisches Privatrecht, Nikolausberger Weg 9 A,
D-3400 Göttingen

Prof. Dr. med. E. Gladtke
Universitäts-Kinderklinik, Joseph-Stelzmann-Straße 9,
D-5000 Köln 41

Priv.-Doz. Dr. med. U. Gundert-Remy
Leiterin der Abteilung Experimentelle und Klinische
Pharmakologie, Institut für Arzneimittel des
Bundesgesundheitsamtes, Postfach 330013, D-1000 Berlin 33

Dr. jur. H. Hasskarl
Rechtsabteilung Knoll AG, Knollstraße 56, D-6700 Ludwigshafen

Dr. jur. G. Hirsch
Deutsche Gesellschaft für Medizinrecht e. V.,
Willibald-Popp-Straße 3, D-8900 Augsburg 21

Prof. Dr. med. L. Horbach
Institut für medizinische Dokumentation und Statistik,
Waldstraße 6, D-8520 Erlangen

Prof. Dr. med. H. Kleinsorge
Paul-Martini-Stiftung, Postfach 3048, D-6500 Mainz

Prof. Dr. med. L. Koslowski
Chirurgische Universitätsklinik, Calwer Straße 7, D-7400 Tübingen

A. R. Lang
Bayerischer Staatsminister der Justiz, Justizministerium,
Prielmayerstraße 7, D-8000 München 35

Dr. G. Lewandowski
Vizepräsident des Bundesgesundheitsamtes, Thielallee 88-92,
D-1000 Berlin 33

Prof. Dr. med. H.-J. Sewering
Präsident der Bayerischen Landesärztekammer, Mühlbaurstraße 16,
D-8000 München 80

Die rechtliche Problematik

A. R. Lang

Die Legitimationsfrage

Die Zeiten, zu denen die wissenschaftliche Forschung ihre Rechtfertigung in sich trug, sind vorbei. Für eine lange Epoche der Menschheitsgeschichte war die immer stärkere Beherrschbarkeit der Natur gleichbedeutend mit Humanisierung und zivilisatorischem Fortschritt. Heute müssen sich sowohl die Forschung wie auch ihre Ergebnisse vor einem immer kritischer werdenden Publikum „hinterfragen lassen" - wie eine neudeutsche Formulierung lautet. Die Legitimationsfrage ist inzwischen ein beherrschendes Thema für weite Bereiche der Wissenschaft geworden. Längst gilt es nicht mehr als Fortschritt per se, wenn die Grenze des Machbaren wieder ein Stückchen weiter vorgeschoben wird. Der Theologe Rössler hat zu Recht darauf hingewiesen, daß jedes Forschungsprojekt theoretisch mit der Prinzipienfrage konfrontiert wird, mit der Frage also, ob es sein soll oder nicht.

Die Würde des Menschen als Maßstab

Diese Frage ist in erster Linie anhand von *ethischen* Kategorien zu beantworten. Der Mensch ist das Maß aller Dinge. Deshalb muß für alle Überlegungen des Forschers dieser oberste Maßstab gelten: *die unverzichtbare Würde des Menschen.*

Für den Bereich der Medizin galt noch bis vor kurzem uneingeschränkt, daß jeder Fortschritt dem Wohl der Menschheit diente. Und in der Tat fand die medizinische Wissenschaft in den letzten Jahrzehnten eine geradezu unglaubliche Fülle neuer Mittel und Techniken zur Erkennung und Bekämpfung von Krankheiten. Die Halbwertszeit, also die Zeit, in der sich das gesamte medizinische Wissen verdoppelt, liegt inzwischen bei einigen wenigen Jahren.

Aber auch die medizinische Wissenschaft blieb nicht verschont von einem ständigen „In-Frage-Stellen" überkommener Wertvorstellungen. Dies gilt insbesondere für die neuen Techniken der artifiziellen *Erzeugung* menschlichen Lebens und der künstlichen *Verlängerung* verlöschenden Lebens. Die Möglichkeiten der Reproduktionsbiologie, insbesondere die inzwischen bereits praktizierten Methoden der extrakorporalen Befruchtung sowie der sog. Leihmutterschaft, des Embryotransfers und der tiefgefrorenen Embryonen werfen Fragen nach der ethischen Vertretbarkeit auf.

Entsprechendes gilt für die Lebensverlängerung durch eine intensivmedizinische Technologie. Der Bundesgerichtshof hat erst vor kurzem klargestellt, daß die Handlungspflichten des Arztes nicht durch die Effizienz der Apparatur bestimmt werden, sondern an der Achtung des Lebens und der Menschenwürde auszurichten sind.

Die *rechtliche* Beurteilung biomedizinischer Forschung korrespondiert mit der ethischen Bewertung. Die Forschung darf nicht Selbstzweck sein, sie hat dem Menschen zu dienen und seine Rechte auf Würde und auf Selbstbestimmung zu achten.

Heilbehandlung - Experiment

Bei der Umsetzung dieser übergeordneten Leitlinien in konkrete rechtliche Zulässigkeitsvoraussetzungen für Eingriffe in die körperliche Integrität ist von der grundlegenden Differenzierung auszugehen zwischen Verfahren, die - auch wenn sie neuartig sind - der Heilbehandlung des konkreten Patienten dienen sollen, und Eingriffen zu Forschungszwecken.

Die rechtliche Beurteilung muß für beide Bereiche auf der Grundlage einer Interessenabwägung erfolgen. Die Abwägung findet beim *Heilversuch* im Spannungsfeld von Schulmedizin, Therapiefreiheit und dem Wohle des Patienten statt. Beim medizinischen *Experiment* dagegen stehen auf der einen Seite die im Grundgesetz verankerte Freiheit von Wissenschaft und Forschung und der medizinische Fortschritt im Interesse der Allgemeinheit; auf der anderen Seite geht es um den Schutz des Probanden.

Forschung ist unverzichtbar

Ausgangspunkt der rechtlichen Überlegungen muß die Feststellung sein, daß die biomedizinische Forschung am Menschen, also der Schritt in medizinisches Neuland, unverzichtbare Voraussetzung ist für den Fortschritt in der Medizin. Ohne Forschung würde der jeweilige Erkenntnisstand konserviert, eine versteinerte Medzin wäre die Folge. Es gibt nur wenige Bereiche der Wissenschaft, in denen die Forschung so viel zum Segen der Menschheit beigetragen hat, wie auf dem Gebiet der Medizin.

Der Forschung aber ist der Irrtum, der Fehlschlag immanent. Es ist unvermeidbar, daß Wege beschritten werden, die sich als Sackgasse erweisen, daß Versuche negative Ergebnisse bringen. Geht es um biomedizinische

Versuche am Menschen, muß der Schutz des Probanden vor Schädigungen durch derartige Fehlschläge immer im Vordergrund stehen.

Schutzvorschriften im Arzneimittelgesetz (AMG)

Spezielle gesetzliche Schutzregelungen gibt es nur für Teilbereiche. Das Arzneimittelgesetz schreibt eine klinische Prüfung als Voraussetzung für die Zulassung neuer Medikamente vor (§ 22 Abs. 2 Nr. 3 AMG).

Bei der Prüfung eines Medikaments am Menschen unterscheidet es zwischen der „Prüfung bei einer Person, die an einer Krankheit leidet, zu deren Behandlung das zu prüfende Arzneimittel angewendet werden soll" - also dem *Heilversuch* - und *sonstigen klinischen Prüfungen* (§§ 40, 41 AMG). Ein Heilversuch darf mit einem neuartigen Arzneimittel durchgeführt werden, „wenn die Anwendung nach den Erkenntnissen der medizinischen Wissenschaft angezeigt ist, um das Leben des Kranken zu retten, seine Gesundheit wiederherzustellen oder sein Leiden zu erleichtern." Zu experimentellen Zwecken darf ein Arzneimittel nur eingesetzt werden, wenn die Risiken für den Probanden „gemessen an der voraussichtlichen Bedeutung des Arzneimittels für die Heilkunde ärztlich vertretbar sind."

Ein wesentlicher Unterschied besteht darin, daß ein Heilversuch mit einem neuartigen Medikament auch bei geschäftsunfähigen oder beschränkt geschäftsfähigen Personen durchgeführt werden kann, während eine klinische Prüfung ohne individuellen therapeutischen Zweck bei diesem Personenkreis nach herrschender Ansicht nicht zulässig ist. Außerdem stellt das Gesetz für die beiden Arten der klinischen Prüfung unterschiedliche Anforderungen an die Einwilligung des Probanden.

Für die Anwendung *radioaktiver Stoffe* in der medizinischen Forschung enthält die Strahlenschutzverordnung Spezialbestimmungen, in denen unter anderem eine der Regelung im Arzneimittelgesetz vergleichbare Risiko-Nutzen-Relation gefordert wird (§ 41 Abs. 1 Nr. 2 Strahlenschutzverordnung). An die Aufklärung und die Einwilligungserklärung der Probanden werden strenge Anforderungen gestellt (§ 41 Abs. 1 Nr. 8 Strahlenschutzverordnung).

Abgesehen von den wenigen spezialgesetzlichen Regelungen bestimmen sich die Zulässigkeitsgrenzen der biomedizinischen Forschung am Menschen nach allgemeinen Rechtsgrundsätzen. Die drei wesentlichen Parameter für die rechtliche Beurteilung sind

- die medizinische Vertretbarkeit des Versuchs,
- die ausreichende Aufklärung des Probanden bzw. seines gesetzlichen Vertreters und
- die rechtfertigende Einwilligung.

Die medizinische Vertretbarkeit des Eingriffs

Sowohl für den Heilversuch wie für das wissenschaftliche Experiment gilt, daß das Risiko für den Probanden in einem angemessenen Verhältnis zum Behandlungs- bzw. Versuchsziel stehen muß. Für die klinische Prüfung von Arzneimitteln ohne individuelle therapeutische Zielsetzung ist dieses Prinzip der Verhältnismäßigkeit von Risiko und voraussichtlicher Bedeutung des Medikaments für die Heilkunde ausdrücklich festgelegt. Es gilt aber, wie die „Revidierte Deklaration von Helsinki" des Weltärztebundes aus dem Jahre 1975 zeigt, als allgemeiner Grundsatz für jede biomedizinische Forschung.

Allerdings sind die Gewichte beim Heilversuch anders verteilt als beim Experiment. Beim *Heilversuch* ist die Schwere der zu behandelnden Krankheit mit den Risiken und Erfolgsaussichten der Neulandtherapie abzuwägen. Diese Abwägung kann ergeben, daß neue Behandlungsmethoden unter Umständen auch dann angewendet werden dürfen, wenn sie mit einem hohen Letalitätsrisiko verbunden sind. So waren etwa die ersten Herztransplantationen trotz der Lebensgefahr für die Empfänger zulässig, wenn diese nach entsprechender Aufklärung wirksam eingewilligt hatten.

Beim *medizinischen Experiment,* bei dem es gerade nicht um die Behandlung eines kranken Patienten geht, sind die mit dem Versuch verbundenen Risiken abzuwägen mit der Bedeutung, die der getesteten Maßnahme allgemein für die Krankheitsbekämpfung zukommt. Um eine neue Behandlungsmethode für eine harmlose Krankheit zu entwickeln, dürfen keine schweren Risiken eingegangen werden.

Unter diesem Gesichtspunkt stießen nach Presseberichten vor kurzem Tests auf Kritik, bei denen ein neues orales Mittel gegen Fußpilz zu schweren Leberschäden geführt haben soll.

Rechtlich unzulässig sind medizinische Experimente, die die ernsthafte Gefahr des Todes oder einer schweren Gesundheitsschädigung mit sich bringen.

Versuche, die gegen das Gebot der Angemessenheit von Risiko und Versuchsziel verstoßen, können in aller Regel auch nicht durch die Einwilligung der Probanden gerechtfertigt werden, da sie gegen die guten Sitten im Sinne von § 226a StGB verstoßen.

Notwendigkeit der Einwilligung

Mit der Einwilligung ist die zentrale Zulässigkeitsvoraussetzung für Eingriffe in die Körperintegrität des Probanden angesprochen. Zu Recht steht an der Spitze der Grundsätze, von denen der Alliierte Gerichtshof im sog. Nürnberger Ärzteprozeß als fundamentale Prinzipien für medizinische Experimente ausgegangen ist, daß die freiwillige Zustimmung der Versuchsperson absolut unverzichtbar ist.

Dieses Erfordernis bedeutet - wie § 40 Abs. 2 des Arzneimittelgesetzes auch feststellt -, daß ein medizinisches Experiment nur an einer Person durchgeführt werden darf, die geschäftsfähig und in der Lage ist, Wesen, Bedeutung und Tragweite des Versuchs einzusehen und ihren Willen hiernach zu bestimmen. Die Einwilligung kann nur höchstpersönlich erteilt werden, eine Vertretung ist in aller Regel ausgeschlossen.

Noch nicht völlig geklärt erscheint allerdings, ob und gegebenenfalls in welchem Umfang als Ausnahme von diesem Grundsatz an Kindern und Minderjährigen medizinische Experimente durchgeführt werden dürfen. Für die klinische Prüfung von Arzneimitteln ist diese Frage in § 40 Abs. 4 des Arzneimittelgesetzes ausdrücklich geregelt. Aber auch über den Bereich der Arzneimittelprüfung hinaus muß man wohl die Sorgeberechtigten in bestimmtem Umfang für berechtigt ansehen, in ungefährliche medizinische Experimente an Kindern und Minderjährigen wirksam einzuwilligen.

Beim Heilversuch gelten allgemein weniger strenge Voraussetzungen für die Einwilligung. Da er von seiner Zielrichtung her einen Heileingriff darstellt, ist von den allgemeinen Einwilligungsgrundsätzen auszugehen, die für diesen gelten. Das bedeutet insbesondere, daß für einen nicht einwilligungsfähigen Patienten dessen gesetzlicher Vertreter zustimmen kann.

Die Einwilligung in ein medizinisches Experiment oder in einen Heilversuch ist nur wirksam, wenn der Proband vorher über Wesen, Bedeutung und Tragweite, also insbesondere auch über die Risiken des Eingriffs aufgeklärt wurde. Dies gilt für das medizinische Experiment in gesteigertem Maße.

Personen, die auf gerichtliche oder behördliche Anordnung hin in einer Anstalt verwahrt werden, also z. B. Strafgefangene, scheiden als Probanden für medizinische Experimente aus. Die entsprechende Regelung in § 40 Abs. 1 Nr. 3 des Arzneimittelgesetzes ist Ausdruck der schrecklichen geschichtlichen Erfahrungen im „Dritten Reich“.

Rechtspolitische Perspektiven

Eine gesetzliche Regelung, nach der medizinische Experimente am Menschen von einer behördlichen Zulassung abhängig gemacht werden, halte ich für *nicht zweckmäßig*. Auf dem hochdifferenzierten Gebiet der biomedizinischen Forschung wäre eine Bürokratisierung dieser Art meines Erachtens fehl am Platz. Im übrigen erscheint es durchaus fraglich, ob es mit der grundgesetzlich gewährleisteten Freiheit von Wissenschaft und Forschung (Art. 5 Abs. 3 GG) vereinbar wäre, Forschungsvorhaben von einer staatlichen Erlaubnis abhängig zu machen.

Der richtige Weg scheint mir der zu sein, der bereits beschritten wurde, nämlich Ethikkommissionen als Prüfinstanzen einzuschalten. Derartige Kommissionen leisten heute schon an vielen Orten erfolgreiche Arbeit. Es könnte allenfalls daran gedacht werden, den organisatorischen Rahmen für diese Gremien gesetzlich festzulegen sowie die Pflicht zu normieren, diese Gremien vor dem Beginn biomedizinischer Forschungsvorhaben am Menschen einzuschalten.

Auch bei der Frage, ob die Zulässigkeitsvoraussetzungen allgemein für medizinische Experimente und Heilversuche gesetzlich geregelt werden sollen, etwa entsprechend den im Arzneimittelgesetz bestehenden Regelungen für die klinische Prüfung von Arzneimitteln, sollte nach meiner Auffassung Zurückhaltung geübt werden. Bevor nicht ein konkretes Regelungsbedürfnis zutage tritt, sollte der Gesetzgeber nicht tätig werden. Bis zum begründeten Verdacht des Gegenteils kann darauf vertraut werden, daß sich die Wissenschaftler bei der Durchführung von medizinischen Experimenten und Heilversuchen an die gesetzlichen Regelungen und die von der Rechtslehre entwickelten Grundsätze halten und die standesrechtlichen Richtlinien respektieren, zu denen insbesondere die „Revidierte Deklaration von Helsinki“ des Weltärztebundes aus dem Jahre 1975 zählt.

Lassen Sie uns gemeinsam, jeder an seinem Platz, dafür Sorge tragen, daß die biomedizinische Forschung zum Nutzen der Menschheit beiträgt, ohne die Grenzen zu überschreiten, die ihr nach unserer Vorstellung von der Würde des Menschen und nach unserer ethischen Grundüberzeugung gesetzt sind.

Bedeutung und Notwendigkeit medizinischer Forschung am Menschen

H.-J. Sewering

Namens der Bayerischen Landesärztekammer und der Kassenärztlichen Vereinigung Bayerns, also den beiden Körperschaften in diesem Hause, darf ich Sie herzlich willkommen heißen. Wir freuen uns, und es ist für uns eine besondere Auszeichnung, daß die erste große wissenschaftliche Tagung der Deutschen Gesellschaft für Medizinrecht in unserem Hause stattfindet.

Ich kann nicht verschweigen - und das ist vielleicht sogar einer der Gründe, warum wir hier tagen -, daß mich mit dem Präsidenten der Gesellschaft, Herrn Dr. Weißauer, eine jahrzehntelange ungemein positive und freundschaftliche Zusammenarbeit verbindet. Sie war und ist getragen von der Überzeugung, daß

- der Jurist im Arzt - gleich, ob Wissenschaftler oder Praktiker - nicht den chronisch potentiellen Rechtsverletzer sehen darf;
- der Arzt den Juristen und die Rechtsprechung nicht als den immerwährenden Störenfried der Vertrauensbeziehung Arzt/Patient bewerten sollte.

Nur Zusammenarbeit und gegenseitiges Verständnis können also die konstruktiven Grundlagen in der Erfüllung unserer Aufgaben sein.

Das Thema „Forschung am Menschen" war gerade in der Bundesrepublik Deutschland nach dem Zusammenbruch für lange Jahre hochbrisant und kaum ansprechbar. Das war verständlich angesichts der Belastung aus einer Zeit, deren Ende nun fast 40 Jahre zurückliegt. Wir sind uns darüber einig, daß die Sensibilität gegenüber den aufgeworfenen Fragen weiter besteht und auch bestehen muß angesichts der hohen Bedeutung und Verantwortung des angesprochenen wissenschaftlichen Arbeitsgebietes. Es ist wohl eine unserer Zeiterscheinungen, wenn immer wieder versucht wird, die medizinische Forschung in die Nähe von negativen Begriffen wie „Menschenversuche" oder „Tierquälerei" zu bringen.

Wir wurden soeben durch unseren bayerischen Justizminister, Herrn August Lang, einen hochrangigen Rechtspolitiker und Juristen, in die rechtliche Problematik zum Thema der Tagung eingeführt. Weitere juristische Ausführungen stehen auf der Tagesordnung.

Die Bedeutung und Notwendigkeit, ja ich möchte sagen, die Unverzichtbarkeit der Forschung am Menschen ist in der medizinisch-wissenschaftlichen Literatur umfangreich dokumentiert. Sie müßte eigentlich jedem aufgeschlossenen Menschen, auch wenn er kein Mediziner ist, bewußt werden, wenn er mit offenen Augen die eindrucksvolle Entwicklung medizinischer Behandlungsmöglichkeiten in den letzten Jahrzehnten beobachtet hat, und sie wird schließlich auch in den Referaten dieses Tages durch kompetente Ärzte und Wissenschaftler erneut dargelegt werden.

Für jedes Arzneimittel, jede neue Operationsmethode kommt nun einmal nach langen und mühsamen Vorarbeiten der Zeitpunkt ihrer erstmaligen Anwendung am Menschen, und wir sind uns alle darüber klar, daß damit zunächst eine Phase beginnt, die noch der Forschung und Entwicklung zugeordnet werden muß.

Ob orale Antidiabetika, die bei der Erprobung eines antibakteriellen Sulfonamids entdeckt wurden, oder Arzneimittel gegen Erkrankungen des Herzens, ob Operationen am offenen Herzen oder an den Herzkranzgefäßen, Operationen zum Einpflanzen von Endoprothesen oder Methoden zur Nierensteinzertrümmerung, der erste Schritt zur Anwendung am Menschen war und ist eine der verantwortungsvollsten Entscheidungen, die ein Wissenschaftler zu treffen hat.

Ich kann es mir und Ihnen deshalb ersparen, in meinen einleitenden Bemerkungen nach neuen Argumenten für die Bedeutung und Notwendigkeit der Forschung am Menschen zu suchen.

Lassen Sie mich aber einige kurze Anmerkungen zu den Voraussetzungen und zum „Umfeld" der Forschung am Menschen, ihrer Einordnung in das Arzt-Patienten-Verhältnis und in unsere Rechtsordnung aus ärztlicher Sicht machen.

Die rechtliche Problematik, in die wir soeben eingeführt wurden und über die wir noch weitere Ausführungen hören werden, hat eben ja nicht nur juristische, sondern auch erhebliche ärztliche Aspekte. Nur im gegenseitigen Austausch der Überlegungen, wie ich sie schon einleitend angesprochen habe, werden wir tragfähige Lösungen finden. Dies wird immer möglich sein, wenn der Jurist – ob Hochschullehrer, Anwalt oder Richter – bereit ist, bei der Beurteilung medizinischer Tatbestände, Verläufe und Handlungen die Unwägbarkeiten aller physischen und psychischen Lebensabläufe von der Geburt bis zum Tod zu bedenken und in sein Urteil mit einzubeziehen. Dies gilt gleichermaßen für den wissenschaftlichen Bereich der Forschung am Menschen als auch für die alltägliche Begegnung zwischen Arzt und Patient. Ich darf als Beispiel nur an die v. a. anfangs so heftig umstrittene Rechtsprechung zu Notwendigkeit, Umfang und Grenzen der Aufklärung des Patienten durch seinen behandelnden Arzt im Rahmen der normalen Heilbehandlung erinnern. Als Ärzte können wir aber nicht nur Forderungen an den Juristen stellen. Wir müssen bereit sein, anzuerkennen, daß sich unsere Tätigkeit nicht allein an dem Begriff „Vertrauensverhältnis" orientieren darf. Der ärztliche Eingriff kann Rechtsgüter des Patienten in so vielfältiger Weise tangieren oder gar verletzen, daß rechtliche Regelungen unverzichtbar erscheinen. Unsere ärztlichen Kollegen üben immer wieder heftige Kritik daran, daß der ärztliche Eingriff im Strafgesetz immer noch dem Begriff „Körperverletzung" zugeordnet wird, die allerdings straffrei bleibt, wenn der Patient seine Einwilligung zum Eingriff gegeben hat. Ich glaube, wir können damit leben. Schwieriger wird es bereits, wenn zwar der Patient seine Einwilligung gab, der Eingriff aber als Verstoß gegen die „guten Sitten" beurteilt wird. Wir haben eine Regelung für die Kastration, aber bei der Sterilisation begegnen wir immer wieder einer unterschiedlichen Bewertung.

Wie sieht es im Bereich der Forschung am Menschen aus? Für die Erprobung von Wirkstoffen, also Arzneimitteln, enthält das Arzneimittelgesetz in § 40 und § 41 sehr detaillierte Vorschriften. Für die Anwendung neuer Methoden, etwa im operativen Bereich, gibt es keine speziellen gesetzlichen Bestimmungen. Ich sage ausdrücklich nicht, daß sie fehlen! Es gibt allerdings einige Unterschiede, die hier zu beachten sind. Man denke an die Erprobung an gesunden Versuchspersonen oder den Doppelblindversuch. Für die erstmalige Anwendung eines Arzneimittels am Kranken würde das für ärztliches Handeln allgemein geltende Recht ebenso ausreichen wie bei der erstmaligen Anwendung einer operativen Methode, denn hier erfolgt der Einsatz nach langer und sorgfältiger Vorarbeit deshalb, weil man sich eine Verbesserung der Heilungsmöglichkeiten für einen Kranken verspricht.

Ich sage dies nicht deshalb, weil ich für die medizinische Forschung am Menschen, hier speziell am kranken Menschen, mehr unkontrollierte Freiheit wünsche. Im Gegenteil! Wir können dokumentieren, daß die von uns Ärzten selbst geschaffenen Grundsätze und Regeln für die Forschung am Menschen in ihren Anforderungen an den Arzt und Wissenschaftler weit über das hinausgehen, was bei uns oder irgendwo in der Welt jemals gesetzlich gefordert worden ist.

Es ist in Vergessenheit geraten, daß unser großer Münchener Internist Friedrich von Müller schon 1930 vor dem Reichsgesundheitsrat ausführliche und wohl durchdachte Grundsätze für die medizinische Forschung am Menschen entwickelt hat. Sie fanden damals ihren Niederschlag in den „Richtlinien für neuartige Heilbehandlung und für die Vornahme wissenschaftlicher Versuche an Menschen", die der Reichsminister des Innern 1931 herausgegeben hat.

In den letzten 20 Jahren stützt sich die medizinische Wissenschaft, soweit es sich um Forschung am Menschen handelt, auf die Deklaration von Helsinki, welche die Generalversammlung des Weltärztebundes 1964 beschlossen hat. Sie wurde durch die Generalversammlung des Weltärztebundes 1975 in Tokio ergänzt und bereits im August 1976 auch für die Bundesrepublik im „Bundesanzeiger" veröffentlicht. Es ist für uns eindrucksvoll, festzustellen, wie weit diese Deklaration mit den bereits 1930 von Friedrich von Müller vorgetragenen Grundsätzen inhaltlich übereinstimmt.

Einen Unterschied, gibt es, der mir wesentlich erscheint: Friedrich von Müller lehnte 1930 die Schaffung von Beratungsausschüssen ausdrücklich ab. Der Weltärztebund fordert in seiner Deklaration nicht nur das genaue Versuchsprotokoll, sondern auch, daß dieses „einem besonders berufenen unabhängigen Ausschuß zur Beratung, Stellungnahme und Orientierung zugeleitet werden soll".

Die Beschlüsse des Weltärztebundes auf seiner Generalversammlung in Tokio waren für die Bundesärztekammer Veranlassung, in Zusammenarbeit mit ihrem Wissenschaftlichen Beirat, der Deutschen Forschungsgemeinschaft und den medizinischen Fakultäten Empfehlungen für die Landesärztekammern zur Errichtung von Kommissionen zur Beratung und Beurteilung ethischer und rechtlicher Aspekte bei der Forschung am Menschen zu beschließen und zu veröffentlichen. Ich möchte es heute dahingestellt sein lassen, warum diese Empfehlungen wenig Gegenliebe fanden und Wissenschaftler den Verdacht der „Gängelung" der Wissenschaft durch die Standespolitik geäußert haben. Man hat etwas übersehen: Die Deklaration von Helsinki mit ihrer Fortentwicklung 1975 in Tokio unter dem Titel „Empfehlung für Ärzte, die in der biomedizinischen Forschung am Menschen tätig sind" wurde nicht etwa von wissenschaftlichen Kongressen beschlossen. Die Erarbeitung und Beschlußfassung erfolgte in den Gremien und der Generalversammlung des Weltärztebundes, also durch die standespolitischen Vertreter der Ärzteschaften der freien Welt. Ich selbst habe als „abgestempelter" Standespolitiker sowohl 1964 in Helsinki als auch 1975 in Tokio daran mitgewirkt.

Wir freuen uns aber darüber, daß die Empfehlung des Weltärztebundes zur Errichtung solcher Kommissionen in der Bundesrepublik auf fruchtbaren Boden gefallen ist und zahlreiche Kommissionen, durchwegs errichtet bei medizinischen Fakultäten, ihre Arbeit längst aufgenommen haben.

Fazit

Meine einführenden Worte konnten nichts anderes sein als eine unvollständige Aneinanderreihung von Anmerkungen. Lassen Sie mich mit drei Feststellungen und Forderungen schließen:

1. Die Forschung am Menschen ist unverzichtbar. Die dafür erarbeiteten Grundsätze – v.a. niedergelegt in den Deklarationen von Helsinki und Tokio – müssen dabei streng beachtet werden. Darüber hinausgehender gesetzlicher Regelungen bedarf es nicht.

2. Wissenschaftliche Forschung und Entwicklung neuer Methoden geschieht nicht auf dem Marktplatz. Auch heute gilt, was schon in den Richtlinien von 1931 niedergelegt wurde: „Die Veröffentlichung der Ergebnisse einer neuartigen Heilbehandlung muß in einer Form erfolgen, die der gebotenen Achtung vor dem Kranken und den Geboten der Menschlichkeit in jeder Weise Rechnung trägt." Ein unwürdiger Reklamerummel, wie wir ihn in der letzten Zeit in einem anderen Land erlebt haben, muß mit aller Schärfe abgelehnt werden.
3. Die Anwendung neuer Wirkstoffe oder Methoden am Menschen darf erst nach Ausschöpfung aller vorausgehenden Untersuchungs- und Erprobungsmöglichkeiten erfolgen. Der Tierversuch ist dabei nach wie vor unverzichtbar. Ihn zu verbieten, wäre eine Perversion des Tierschutzgedankens und Ausdruck erschreckender Menschenverachtung. Die medizinische Forschung steht unter dem Gebot der Achtung vor jeder Kreatur. Der Mensch steht aber unverrückbar an erster Stelle.

Heilversuch und medizinisches Experiment: Begriffe, medizinische und rechtliche Grundsatzfragen

G. Hirsch

Die erfolglos gebliebene Implantation eines Affenherzens bei einem Baby in den Vereinigten Staaten hat in ärztlichen Fachzeitschriften eine Diskussion über die Frage ausgelöst: War dies ein Menschenexperiment oder aber ein Heilversuch, war hier ein kranker Mensch Testobjekt für einen ehrgeizigen Forscher oder wurde eine letzte Rettungschance mit einer medizinischen Neulandbehandlung ergriffen?[1]

Damit ist die für die rechtliche Beurteilung *zentrale Differenzierung* zwischen Heilversuch und medizinischem Experiment angesprochen.

Heilversuch – Medizinisches Experiment

Diese Differenzierung lag bereits den Richtlinien des Reichsministers des Innern für neuartige *Heilbehandlungen* und *wissenschaftliche Versuche* am Menschen aus dem Jahre 1931 zugrunde. Auch die für die biomedizinische Forschung am Menschen richtungweisende Deklaration von Helsinki aus dem Jahre 1964, bzw. ihre vom Weltärztebund 1975 beschlossene revidierte Fassung gehen von der Unterscheidung zwischen der medizinischen Forschung in Verbindung mit ärztlicher Versorgung und der nichttherapeutischen, rein wissenschaftlichen Anwendung neuer Medikamente und Methoden aus. Der Bundesgerichtshof folgte in seiner Thorotrastentscheidung aus dem Jahre 1956 ebenfalls dieser Zweiteilung.[2]

Der entscheidende Unterschied zwischen dem Heilversuch und dem medizinischen Experiment liegt im subjektiven Bereich, im Motiv. Beim Heilversuch wendet der Arzt beim Kranken eine neue, noch nicht gesicherte Diagnose- oder Therapiemethode oder ein noch nicht erprobtes Medikament an. Man spricht deshalb in diesem Zusammenhang auch von einer Neulandbehandlung.

---

1 Vgl. etwa Girstenbrey (1984) Fortschr Med 45: 12; von Boehm (1984) Med Tribune 49: 16.

2 Die Richtlinien von 1931 sowie die Revidierte Deklaration von Helsinki (1975) sind abgedruckt bei Fischer: Medizinische Versuche am Menschen (1979) (Anhang); Thorotrastentscheidung: BGHZ 20, 61.

Ein medizinisches Experiment liegt dagegen vor, wenn Heilmittel oder Heilmethoden ohne individuelle therapeutische Zielsetzung erprobt werden. Der Zweck ist nicht die Behandlung des Probanden, sondern die Gewinnung neuer Erkenntnisse und Erfahrungen. Der Heilversuch soll dem Wohl des Patienten dienen, an dem er vorgenommen wird, das Humanexperiment dagegen dem Wohl der Allgemeinheit, dem Fortschritt der Medizin.[3]

Der Heilversuch

Ausgangspunkt der Überlegungen zur Zulässigkeit von Heilversuchen ist der *Grundsatz der Therapiefreiheit*. Es gibt keine prinzipielle Bindung des Arztes an die von der „Schulmedizin" vertretenen Behandlungsmethoden. Die „Unberechenbarkeit des lebenden Organismus" (BGH, NJW 1978, 1682), die komplexen psychosomatischen Bedingungen und Therapiereaktionen bei den Kranken lassen es in aller Regel nicht zu, für ein bestimmtes Krankheitsbild eine genormte Behandlungsart zwingend vorzuschreiben. Der Arzt hat einen nicht justiziablen Spielraum der Methodenwahl - vergleichbar dem im Verwaltungsrecht angesiedelten Beurteilungsspielraum.[4]

Die Therapiefreiheit deckt unter den noch aufzuzeigenden Voraussetzungen auch Außenseiter- und Neulandmethoden, es sei denn, die Standardtherapie hat sich bereits als eindeutig überlegen erwiesen. In diesem Fall schrumpft die Freiheit der Methodenwahl für den Arzt auf Null. Eine neue, von der Schulmedizin abweichende diagnostische oder therapeutische Maßnahme darf nur durchgeführt werden, wenn sie aus der Sicht ex ante eine mindestens ebenso hohe Erfolgschance bietet wie die Standardbehandlung oder - soweit es eine solche nicht gibt - wie die Nichtbehandlung.[5]

Im übrigen sind die rechtlichen Voraussetzungen, unter denen ein Heilversuch zulässig ist, aus den für die Heilbehandlung entwickelten Grundsätzen abzuleiten. Dies bedeutet insbesondere, daß der Patient über Art, Bedeutung, Erfolgsaussichten, Dringlichkeit und Risiken der Neulandbehandlung und über die alternativen Methoden aufgeklärt werden muß. Nur wenn er in voller Kenntnis dieser Umstände in den Heilversuch einwilligt, ist dieser rechtmäßig.

---

[3] Vgl. dazu etwa Weissauer (1976) Ärztl Praxis 7: 197; Fischer, a.a.O., S.4; Deutsch (1983) Arztrecht und Arzneimittelrecht, S. 125ff. sowie: Das Recht der klinischen Forschung am Menschen, 1979; Eser (1978) Das Humanexperiment, Gedächtnisschrift Schröder, S. 191; Laufs (1984) Arztrecht, 3. Aufl. S. 174ff.

[4] Siebert, MedR 1983, 216/218; vgl. z. B. BGH, MedR 1983, 23/24.

[5] Vgl. BGH, VersR 1956, 224; BGH, NJW 1960, 2253.

Die kontrollierte Therapiestudie

Spezifische Probleme werfen kontrollierte Therapiestudien auf, bei denen die Wirkungen neuer Medikamente oder Methoden durch verschiedene Probandengruppen geprüft werden sollen. Bei den Mitgliedern der Testgruppe wird die Neulandtherapie angewendet, die Mitglieder der Kontrollgruppe erhalten die herkömmliche Behandlung oder ein Placebo, also ein Leerpräparat.[6]

Sollen derartige Studien aussagekräftig sein, muß eine randomisierte, d.h. eine am Zufall ausgerichtete Aufteilung der Probanden in die Testgruppe und in die Kontrollgruppe erfolgen. Beim Blindversuch wissen die Probanden nicht, welcher Gruppe sie angehören, beim Doppelblindversuch ist dies auch dem Versuchsleiter nicht bekannt. Zum Teil werden auch Mitglieder der beiden Gruppen während des Versuchs ausgetauscht, um unerwünschte äußere Einwirkungen auf das Versuchsergebnis noch weitergehend auszuschließen (sog. „crossing over").

Derartige Versuche bewegen sich im Spannungsfeld zwischen dem erforderlichen Schutz des Selbstbestimmungsrechts der Patienten einerseits und den Anforderungen an eine aussagekräftige Biostatistik andererseits. Den Interessen der Forschung würde in der Regel optimal Rechnung getragen, wenn die Probanden nicht einmal wissen, daß sie an einer Therapiestudie teilnehmen, da dann etwaige das Ergebnis verfälschende subjektive Einwirkungen auf den Versuchsverlauf ausgeschaltet wären. Andererseits ist die Einwilligung des Probanden nach Aufklärung über die geplante Maßnahme und über die Alternativen erforderlich. Dies ist aber nur schwer möglich, wenn der Proband bewußt im unklaren gelassen werden soll, ob er als Mitglied der Testgruppe einer Neulandbehandlung unterzogen wird oder in der Kontrollgruppe einer Standard- bzw. Placebobehandlung. Als Grundsatz muß in Konfliktfällen gelten, daß das Wohl und der Wille des Patienten Vorrang haben vor Forschungsinteressen. Hieraus folgt die Pflicht zur weitgehenden Aufklärung, auch wenn dies auf Kosten der Aussagekraft des Versuchs gehen sollte.

Das medizinische Experiment

Der Umstand, daß es hier um Eingriffe in die Körperintegrität ohne individuelle therapeutische Zielsetzung geht, läßt der Aufklärung und dem Grundsatz der Verhältnismäßigkeit besondere Bedeutung zukommen.

---

[6] Vgl. zum folgenden Deutsch, a. a. O., S. 221 ff.; zum Blindversuch im Rahmen der klinischen Prüfung von Arzneimittel Hasskarl/Kleinsorge (1979) Arzneimittelprüfung – Arzneimittelrecht, S. 41 ff.

Wenn auch die Forschung auf dem Gebiet der Medizin im Interesse der Allgemeinheit unverzichtbar ist, so muß doch nach unserem ethischen und rechtlichen Verständnis der Schutz des Selbstbestimmungsrechts des einzelnen Vorrang haben.

Im Ausland wird diskutiert, ob unter bestimmten Voraussetzungen eine gesetzliche Verpflichtung zur Teilnahme an medizinischen Experimenten geschaffen und damit zwangsweise Eingriffe im Interesse der Allgemeinheit (z. B. im Bereich der Krebsbehandlung) ermöglicht werden sollen. Wenn auch das Recht auf körperliche Unversehrtheit nach Art. 2 Abs. 2 GG durch Gesetz eingeschränkt werden kann, ist eine Situation, die eine Zwangsbehandlung zu Forschungszwecken und damit massive Eingriffe in Grundrechte rechtfertigen könnte, nach unserem Verfassungsverständnis kaum vorstellbar.

An die *Aufklärung des Probanden* sind bei einem medizinischen Experiment hohe Anforderungen zu stellen. Das Ausmaß der Aufklärung beim ärztlichen Heileingriff ist nach der Rechtsprechung an die Indikation geknüpft, d. h. es bestehen geringe Anforderungen beim dringend indizierten Eingriff und strenge Anforderungen bei medizinisch nicht indizierten kosmetischen Maßnahmen. Beim medizinischen Experiment fehlt nicht nur jede Indikation, es fehlt darüber hinaus auch noch jedes andere körperliche Eigeninteresse des Probanden an dem Eingriff. Dies bedeutet insbesondere, daß auch über extrem seltene und leichte Risiken aufzuklären ist. Therapeutische Gründe für eine Einschränkung der Aufklärungspflicht, wie sie für den Heileingriff anerkannt sind, kann es nicht geben. Der Proband wird wohl auch, anders als beim Heileingriff, nicht wirksam auf Aufklärung verzichten können.[7]

Noch nicht endgültig geklärt erscheint die Frage, ob *Kinder und Minderjährige* als Probanden für medizinische Experimente von vornherein ausscheiden. Eine apodiktische Festlegung gegen die Zulässigkeit derartiger Experimente sollte u. E. vermieden werden. Unter engen Voraussetzungen wird man die Heranziehung von Kindern oder Jugendlichen zu medizinischen Experimenten mit Zustimmung der Sorgeberechtigten akzeptieren können. Keinesfalls dürfen jedoch gesundheitliche Risiken mit dem Eingriff verbunden sein. Außerdem kommen wohl nur solche Experimente in Betracht, die sinnvoll nur bei Kindern oder Jugendlichen, nicht auch bei Erwachsenen durchgeführt werden können. Schließlich ist der Minderjährige, entsprechend seiner Verständnisfähigkeit, in den Entscheidungsprozeß einzubeziehen. Diese engen Grenzen gelten mutatis mutandis auch für geschäftsunfähige Erwachsene.

---

[7] Zur Aufklärung im Bereich der Neulandmedizin (bei Experimenten, Heilversuchen, kontrollierten Therapiestudien, klinischen Prüfungen von Arzneimitteln) Kern/Laufs (1984) Die ärztliche Aufklärungspflicht, S. 142 ff.

Medizinische Experimente an amtlich verwahrten Personen, insbesondere an Strafgefangenen, sind nach allgemeiner Auffassung auch dann unzulässig, wenn deren Einwilligung vorliegt.

Wann beginnt menschliches Leben?

Das Thema dieses Symposiums lautet „Forschung am Menschen". Noch bis vor kurzem glaubten wir, die Definition des Menschen wäre eindeutig. Allenfalls die Einbeziehung des nasciturus, also der Leibesfrucht warf Fragen auf, die je nach dem Schutzgut der in Rede stehenden Rechtsregeln zu beantworten waren.

Inzwischen zwingt jedoch die Technik der extrakorporalen Befruchtung dazu, die Grundfrage nach dem Beginn menschlichen Lebens neu zu stellen. Sie lautet für unser Thema konkret: Stehen die in vitro befruchteten Eizellen, die nicht einer Frau implantiert werden, für Experimente unbegrenzt oder in bestimmten Bereichen zur Verfügung? Wer kann über diese Embryonen, die z. T. tiefgefroren gelagert werden, bestimmen?

Die ethischen und rechtlichen Probleme, die die Reproduktionsbiologie und die Gentechnologie aufwerfen, sind z. Z. allenfalls andiskutiert. Gleichwohl sollten heute schon Grundpositionen deutlich gemacht werden, von denen eine u. E. lautet, daß mit der Verschmelzung von Ei- und Samenzelle menschliches Leben angelegt ist. Die Zygote ist daher schutzwürdig. Da sie auch schutzbedürftig ist, ist der Gesetzgeber gefordert, den Rechtsschutz zu definieren, den sie genießen soll.

Therapiefreiheit und Neulandbehandlung aus medizinischer Sicht

E. Buchborn

Die Begriffe *Therapiefreiheit* und *Neulandbehandlung* betreffen Bereiche der ärztlichen Praxis, die sich nur teilweise decken, da die Therapiefreiheit die gesamte praktische Medizin und nicht nur die Neulandmedizin umfaßt. Beide Begriffe berühren sich jedoch insofern, als beide die Anwendung nicht allgemein anerkannter therapeutischer Methoden zum Gegenstand haben.

Therapiefreiheit heißt, daß

1. der Arzt frei ist von äußeren Reglementierungen in der Wahl seiner therapeutischen Methoden,
2. Behandlungs- oder Heilversuche erlaubt sind,
3. auch unseriöse und unwirksame Verfahren nicht verboten sind, solange sie dem Patienten nicht schaden, ihm aber subjektive Besserung verheißen, wie z. B. Placebos, und diese auch bewirken. Dazu gehört auch ihre Anwendung durch Nichtärzte im Rahmen der „Kurierfreiheit".

Die ärztliche Therapiefreiheit darf jedoch nicht so verstanden werden, als sei sie unbegrenzt und als handle es sich um ein Privileg des Arztes. Dieses mögliche Mißverständnis teilt die Therapiefreiheit mit anderen Privilegien, die dem Arzt zugerechnet werden, so z. B. für

- das sog. therapeutische Privileg einer begrenzten oder unterlassenen Aufklärung bei unheilbar Kranken mit hoffnungsloser Prognose,
- das Zeugnisverweigerungsrecht,
- die Privilegierung der sog. Schulmedizin gegenüber nichtwissenschaftlichen Außenseitermethoden, z. B. im Strafprozeß.

In Wirklichkeit dienen alle diese Privilegien ausschließlich dem Patienten und stellen so ein fremdnütziges Recht dar [1]. So ermöglicht die Therapiefreiheit dem Arzt, unabhängig von normierenden Vorschriften nach pflichtgemäßem Ermessen im Einzelfall diejenigen therapeutischen Methoden zu wählen, die nach seiner Überzeugung unter den gegebenen Umständen den größtmöglichen Nutzen für seinen Patienten erwarten lassen. Das sog. therapeutische Privileg [2] der Nichtaufklärung soll dem hoffnungslos und unheilbar Kranken eine schwere seelische Gesundheitsstörung ersparen [3].

Das Zeugnisverweigerungsrechts des Arztes schützt die ihm vom Patienten anvertrauten oder bekanntgewordenen Daten vor der Offenlegung gegenüber Dritten. Und die Privilegierung der Schulmedizin, die vom Richter nicht in Frage gestellt werden kann, weil sie trotz aller Fehlbarkeit infolge ihrer wissenschaftlichen Begründung und ihrer praktischen Bewährung die relativ größte Vermutung der Richtigkeit für sich hat [4], sichert den Rechtsanspruch des Kranken auf die Anwendung von Behandlungsverfahren, deren Ergebnisse methodisch gesichert, intersubjektiv nachprüfbar und damit objektivierbar sind.

Die Therapiefreiheit ist jedoch nicht unbegrenzt. Ihre Ausübung legt dem Arzt Beschränkungen auf, von denen z. B. die folgenden rechtlich bedeutsam sind:

- der Wille des Patienten;
- die allgemein anerkannten Regeln der wissenschaftlichen Medizin, was immer darunter zu verstehen ist;
- allgemein akzeptierte, sozialethisch unbedenkliche Maßstäbe, z. B. beim Problem der sog. Leihmütter;
- das allgemeine Wirtschaftlichkeitsgebot der RVO, wonach der Kranke Anspruch hat auf zweckmäßige und ausreichende (nicht etwa auf richtige und optimale) Behandlung, neuerdings spezifiziert durch § 368 p RVO (Preisvergleichs- und Negativliste);
- nach der höchstrichterlichen Rechtsprechung eine besondere Begründungs- und Aufklärungspflicht bei der Anwendung von Außenseitermethoden mit der Verpflichtung zum Behandlungsabbruch bei erwiesener Erfolglosigkeit [5].

Die *Neulandbehandlung,* das zweite Stichwort unseres Themas, umfaßt die Anwendung nicht allgemein anerkannter Methoden im therapeutischen Interesse des Patienten. Hierzu gehört die klinische Prüfung neuer Medikamente, v. a. in Form kontrollierter Studien, bei der zum Heilungsinteresse des Kranken das wissenschaftliche Interesse des Forschers hinzutritt. Das erfordert eine besonders sorgfältige Abwägung und rechtliche Sicherung beider, letztere ist z. T. in §§ 40, 41 AMG geregelt. Zur Neulandmedizin gehört aber nicht nur die Erprobung neuer, noch nicht zugelassener Arzneimittel, sondern auch die Erprobung zugelassener Mittel für eine neue Indikation oder eine veränderte Dosierung.

Beispiele aus den letzten Jahren waren die Azetylsalizylsäure, ein altbekanntes Analgetikum und Antiphlogistikum, mit der neuen Indikation der Thrombozytenaggregationshemmung bei arteriosklerotischen Gefäßkrankheiten oder die Kalziumantagonisten, die primär für die Behandlung der Angina pectoris und von Herzrhythmusstörungen zugelassen wurden, dann aber erfolgreich auch bei Hochdruck und Herzinsuffizienz erprobt wurden.

Hierfür bedurfte es jedoch keiner formalisierten Prüfverfahren (§ 42 AMG), so daß sich mündliche Aufklärung und Einwilligung bei derartigen Heilversuchen nicht von anderen Heileingriffen unterscheiden, bei denen im Alltag auch nicht über alle Einzelheiten, z.B. über Inhaltsstoffe von Pharmaka, aufgeklärt wird, wenn auch im gebotenen Umfang über Nutzen, Risiken und ggf. alternative Therapiemöglichkeiten. Analoges gilt für die Variation erprobter operativer Verfahren durch neue Techniken mit dem Ziel ihrer Optimierung.

Auch hierbei handelt es sich um Heilversuche, bei denen das ärztliche Handeln primär durch die Heilabsicht im Interesse des individuellen Patienten bestimmt wird. Kann dabei gleichzeitig auch ein wissenschaftliches Interesse befriedigt werden, z.B. die Gewinnung neuer Erkenntnisse über Wirkungsmechanismus, Nebenwirkungen oder Therapievergleiche, ohne den Heileingriff zu determinieren, mithin auch ohne Notwendigkeit zur Randomisierung, dann spricht man auch von einem investigativen Versuch. Hierfür ist eine besondere Einwilligung des Patienten höchstens für zusätzliche wissenschaftliche Untersuchungen, z.B. von Laborwerten oder Röntgenaufnahmen usw., nötig.

Wichtig für die rechtliche Bewertung der Neulandmedizin erscheint mir, daß zwischen Humanexperiment, Heilversuch und Heileingriff im klinischen Alltag oft fließende Übergänge bestehen, die auch eine eindeutige rechtliche Unterscheidung erschweren können. Die Ursache dafür liegt darin, daß sich der medizinische Fort*schritt* - wie der Name sagt - *schrittweise* vollzieht. Und dabei handelt es sich selten um nur *einen* Schritt von der Ungewißheit zur Gewißheit. Meist sind langwierige Bemühungen der Aus- und Bewertung sowie um Bestätigung erforderlich, so daß der Arzt über das Nutzen-Risiko-Verhältnis oft jahre- und jahrzehntelang im Zweifel bleibt, auch wenn er konkrete Hoffnungen und Vorstellungen hierzu besitzt.

Dramatische Effekte einzelner Pharmaka auf bestimmte Krankheiten sind leider selten, so z.B. gegen Malaria, Sepsis oder zur Blutdrucksenkung und zur oralen Diabetestherapie. Meist sind dagegen die Erkenntnisfortschritte weniger eindrucksvoll, so daß ihre Fehleinschätzungen oft erst viel später entdeckt werden. So ist bis heute ungewiß, ob Antikoagulantien zur Infarktprophylaxe besser sind als Aggregationshemmer oder ob Steroide dem Hirnödem bei Schlaganfall entgegenwirken usw.

Diese Beispiele zeigen, daß es in der Therapieforschung keine Falsifizierung gibt [6]. Ein anderes wichtiges Beispiel für den fließenden Übergang vom Humanexperiment über den Heilversuch zur Standardtherapie bieten Organtransplantationen. So zählten die ersten Nierentransplantationen mit ihrem großen Risiko fraglos zur experimentellen Medizin, wenn auch mit eindeutigem Nutzen bei den zunächst selteneren Erfolgen. Mit wachsender qualitativer und quantitativer Erfahrung und entsprechend abnehmendem Risiko gingen sie langsam und kontinuierlich in Heilversuche über, während das Standardverfahren zunächst noch die Dauerdialyse (künstliche

Niere) blieb. Heute sind beide Verfahren prinzipiell gleichwertig, wenn auch je nach speziellen Gegebenheiten von Patient zu Patient wechselnd indiziert.

Das gilt freilich nur für führende Transplantationszentren; denn der allgemeine Stand der wissenschaftlichen Erkenntnis ist zwar eine wichtige, aber nicht die einzige Determinante des therapeutischen Erfolges. Hierzu gehört ebenso die persönliche Kompetenz der transplantierenden Ärzte und die allgemeine Leistungsfähigkeit eines Klinikums einschließlich der finanziellen Absicherung solcher anspruchsvollen und aufwendigen Neulandmedizin. Damit können aber auch die rechtlichen Voraussetzungen für die Bewertung einer Neulandbehandlung nicht allgemeingültig normiert werden, zumal sich zur Dynamik des medizinischen Fortschritts immer noch die Komplexität biologischen Geschehens, aber auch die Komplexität von Entscheidungsprozessen bei Arzt und Patient hinzuaddieren. Aus denselben Gründen enthält auch jede medizinisch indizierte Standardtherapie Elemente eines Heilversuchs, da zu Behandlungsbeginn oft nicht feststeht, welche Therapie für den jeweiligen Patienten die beste ist.

Die Rechtsordnung muß deshalb die Unsicherheit unseres sich ständig wandelnden Wissens über die Wahrscheinlichkeiten von Erfolg und Risiko der Therapie akzeptieren und dem Arzt einen Ermessensspielraum einräumen, der den Kern der recht verstandenen Therapiefreiheit ausmacht. Sie sollte daher bis zum Beweis des Gegenteils davon ausgehen, daß auch in der Neulandmedizin ebenso wie bei Standardbehandlung jede Therapie in der Absicht und Hoffnung durchgeführt wird, dem Patienten Heilung, Besserung, Linderung oder sonstige Vorteile zu verschaffen.

Schwierigkeiten zwischen Medizin und Rechtsprechung, die sich dennoch ergeben können, betreffen v.a. die Definition und Anwendung solcher unbestimmten Rechtsbegriffe wie „allgemein anerkannte Regeln der wissenschaftlichen Medizin" oder den „jeweiligen Stand der wissenschaftlichen Erkenntnis"; denn sie spielen eine entscheidende Rolle im Rechtsstreit über die Anwendung nicht allgemein anerkannter therapeutischer Methoden. Die Schwierigkeiten beginnen dann damit, daß der Richter einerseits zur Urteilsfindung auf einen medizinischen Sachverständigen angewiesen, andererseits aber nach der Prozeßordnung zur eigenen Urteilsbildung verpflichtet ist. Und dies, obwohl er nicht in der Lage ist nachzuprüfen, ob die zitierten wissenschaftlichen Aussagen methodisch einwandfrei zustandegekommen, wieweit sie kontrovers und ob sie hinsichtlich ihrer Prämissen auch auf den Einzelfall anwendbar sind [7].

So basierte z. B. der Einstellungsbeschluß des Conterganprozesses auf der Aussage eines Gutachters, wonach die klinische Neurologie auf Grund ihrer eigenen allgemein anerkannten wissenschaftlichen Methoden die Lokalisation peripherer Nervenschäden bestimmten Ursachen zuordnen könne. Gerade dies ist aber bis heute strittig [8].

Hier ist also, wie Kriele [9] in ähnlichem Zusammenhang formulierte, der Mythos der „wissenschaftlichen Erwiesenheit“ so sehr zum Zeitgeist geworden, daß der Anspruch auf „Objektivität“, arrogant genug vorgetragen, von den Richtern so wenig nach seiner Legitimation befragt wird, wie seinerzeit der Hauptmann von Köpenick von den Wachsoldaten.

Eine grundsätzliche Schwierigkeit ergibt sich jedoch aus der Frage, ob der „Stand der medizinischen Wissenschaft“ dadurch gekennzeichnet ist, daß er kontrovers ist [9], oder ob er nur das umfaßt, was der wissenschaftlichen Kontroverse bereits entzogen und als Lehrbuchwissen sozusagen den „Bodensatz des tradierten Konsenses“ [10] ausmacht. Je nachdem, wie der „Stand der medizinischen Wissenschaft“ juristisch interpretiert wird, kann das Urteil über eine strittige Neulandbehandlung und über die hierbei zu beachtenden Grenzen der Therapiefreiheit unterschiedlich ausfallen. Daher kann ein gewisser Konsens, der praktisch notwendig und wissenschaftlich möglich ist, nicht in jedem Fall mit dem Anspruch auf allgemeine Anerkennung gleichgesetzt werden.

Gerade am Begriff der allgemeinen wissenschaftlichen Anerkennung werden Unterschiede zwischen medizinischem und juristischem Denken deutlich: Beide wenden generalisierende und normierende, wissenschaftlich begründete Aussagen auf ihre Einzelfallentscheidungen an. Aber während die rechtliche Norm sagt, was sein *soll* und ihre Verbindlichkeit nicht nur über lange Zeiträume konstant bleibt, sondern auch durch Sanktionen erzwungen wird, kann die ständig fortschreitende Wissenschaft nur mit Wahrscheinlichkeit sagen, *was der Fall ist,* ohne daraus folgern zu können, was im Einzelfall sein soll, obwohl gerade dies vom Begriff der allgemeinen wissenschaftlichen Anerkennung intendiert wird. Hier gilt es deshalb, Wissenschaftlichkeit nicht mit Wissenschaftsdogmatismus zu verwechseln [11] und die komplexe Wirklichkeit menschlichen Krankseins nicht nur aus der Sichtweise rechtsdogmatischen Argumentierens oder aus der überwertigen Idee wissenschaftlicher Beweisbarkeit zu beurteilen.

Diese wenigen und unvollständigen Anmerkungen zum Thema würden nun allerdings mißverstanden, wenn sie aus der beschränkten Verbindlichkeit medizinischer Aussagen und aus der Relativität ärztlicher Erfahrung die Forderung ableiten würden nach einer unbegrenzten oder nur dem ärztlichen Gewissen verpflichteten Therapiefreiheit. Wenn es nämlich bei der Therapiefreiheit, wie eingangs ausgeführt, nicht um ein subjektives Privileg des Arztes, sondern um ein fremdnütziges Recht zugunsten des Patienten und dessen Anspruch auf eine Optimierung seiner Behandlung geht, dann gerade *muß* hierzu auch die rechtliche Nachprüfbarkeit ärztlicher Eingriffe gehören. Dies folgt im übrigen schon daraus, daß Verwissenschaftlichung und Verrechtlichung der modernen Medizin beide ihre Wurzel im gemeinsamen Ziel von Aufklärung und Naturwissenschaft haben, den Menschen nicht nur aus dogmatischer Fremdbestimmung zur Autonomie, sondern auch aus der Übermacht der Natur und damit auch aus den Gefahren der Krankheit zu befreien [12]. Seitdem bedarf ärztliche Praxis der wissenschaftlichen Begründung durch eine rationale Medizin, soweit dies möglich ist. An den hieraus ableitbaren und allgemein anerkannten Regeln der wissenschaftlichen Medizin kann sich der Arzt nicht nur seiner persönlichen Erfahrung und Kompetenz vergewissern, sondern können seine Eingriffe auch objektiviert und so auch rechtlich nachgeprüft werden. Auch dies kann zugunsten des Patienten, um den es hierbei ausschließlich geht, nur geschehen, wenn medizinische *und* juristische Maßstäbe und Kategorien bei allen gegebenen Unterschieden als gleichgewichtig zur Urteilsbildung herangezogen werden.

Literatur

1. Czeniek R (1980) in: Bock KD (Hrsg) Arzneimittelprüfung am Menschen, S 197
2. Deutsch E (1980) NJW: 1307
3. Buchborn E (1981) Internist: 162
4. Siebert A (1983) MedR: 216
5. Siebert A (1983) MedR: 216
6. Füllgraff G (1980) in: Neuhaus GA (Hrsg) Pluralität in der Medizin, S 150
7. Buchborn E (1983) in: Deutsch E, Kleinsorge H, Scheler E (Hrsg) Verbindlichkeit medizinisch-diagnostischer und therapeutischer Aussagen, S 107
8. Neuhaus GA (1980) Pluralität in der Medizin, S 137
9. Kriele M (1976) NJW: 355
10. Deutsch E (1980) in: Neuhaus GA (Hrsg) Pluralität in der Medizin, S 141
11. Kriele M (1976) NJW: 355
12. Buchborn E (1984) MedR: 126

Medizinische Versuche und Fahrlässigkeitstheorie

E. Deutsch

Kunstregel und Therapiefreiheit

Die Rechtsprechung hat als Kunstregel die Grundsätze der entsprechenden, auch der medizinischen, Wissenschaft angesehen.[1] Danach wird im Kunstfehler das typische Arztverschulden gesehen, das aber auch unabhängig von einem solchen Fehler bestehen könne. Das Reichsgericht hat Kunstfehler und Fahrlässigkeit stets auseinandergehalten.[2] Das war v. a. dann der Fall, wenn in Fachkreisen eine einheitliche Ansicht über notwendige Maßregeln sich nicht gebildet hatte. Nach ständiger Rechtsprechung hat der Arzt dann i. allg. die größere Vorsicht zu beachten, so hat es ausdrücklich das Reichsgericht entschieden.[3] Projiziert man diese Rechtsprechung auf die klinische Forschung am Menschen, so hat es den Anschein, als seien kontrollierte klinische Versuche mit der Bildung von Versuchsgruppen und Kontrollgruppen unter allen Umständen fahrlässig, da sie eine Verletzung der Vorsichtsregeln darstellen. Man fühlt sich an die alte Bezeichnung des Eisenbahnbetriebs als „nothwendig kulpos" durch das Oberappellationsgericht München im Jahre 1861 erinnert.[4]

Fahrlässigkeitstheorie und Sorgfalt

Herkunft der Fahrlässigkeit

Die Haftung für unvorsätzlich zugefügte Verletzungen geht auf die lex Aquilia aus dem Jahre 287 v. Chr. zurück.[5] Der dort gebrauchte Ausdruck *damnum iniuria datum* wurde mit der Zeit als *neglegentia* verstanden.[6] Erst

---

1 BGHZ 8, 138, 140 m. w. N.
2 RG HRR 1931 Nr. 17, 48; BGH a. a. O.
3 RG HRR 1932 Nr. 18, 28.
4 Oberappellationsgericht München v. 16. 4. 1861, Seufferts Archiv 14 Nr. 228 (vor Einführung der Gefährdungshaftung für Eisenbahnen in Bayern durch das Reichshaftpflichtgesetz von 1871).
5 Kaser, Römisches Privatrecht[13], § 36 II 2.
6 Jörs-Kunkel, Römisches Privatrecht 173; Kaser, a. a. O.

wesentlich später, nämlich in nachklassischer Zeit wird die Außerachtlassung der Sorgfalt eines *diligens pater familias* als Fahrlässigkeit angesehen.[7] Der Maßstab des sorgsamen Hausvaters ist unter Einfluß der griechischen Sozialethik entstanden.[8]

Die Fahrlässigkeitstheorie des BGB

Gemäß § 276 Abs. 1 S. 2 BGB handelt fahrlässig, wer die im Verkehr erforderliche Sorgfalt außer acht läßt. Damit ist der dritte Definitionsversuch Gesetz geworden, nachdem man vorher auf die Sorgfalt des ordentlichen Hausvaters bzw. auf die übliche Sorgfalt abgestellt hatte.[9] Eine entscheidende Neuerung war bei der inhaltlichen Bestimmung der Fahrlässigkeit um die gleiche Zeit zu bemerken. Sorgfältiges Verhalten wurde nicht mehr mit der Vermeidung jeglicher Gefahr für den anderen gleichgestellt, vielmehr wurden sog. zugelassene Gefahren anerkannt: In der modernen Industriegesellschaft war ohne gefahrvolle Tätigkeiten nicht auszukommen. Sorgfältig handelte deshalb im wesentlichen der, welcher eine gefährliche Tätigkeit ausübte oder kontrollierte.[10] Fahrlässigkeit erschien danach in zwei Ausprägungen: als Schaffung einer nicht kontrollierbaren oder nicht kontrollierten Gefahr sowie als unsachgemäße Kontrolle der Gefahr. Diese Neuorientierung der Fahrlässigkeit deckte sich mit dem anerkannten Grund der Haftungsschwelle des Verschuldens: die Haftung erst ab Fahrlässigkeit besteht deswegen, um jedem einen Freiraum zur persönlichen und beruflichen Betätigung zu gewähren.[11] Die Handlungsfreiheit setzt ein Minimum an Gefährdungszulässigkeit voraus.

Die Fahrlässigkeit ist nach deutschem Recht kein Haftungsgrund, sondern ein relatives Verschuldensmoment. Die Fahrlässigkeit bezieht sich ebenso wie der Vorsatz auf den Tatbestand und die Rechtswidrigkeit. Es gibt keine Fahrlässigkeit an sich. Da jedoch der Tatbestand als Bezugsgegenstand der Fahrlässigkeit verschieden ausgestaltet sein kann, nimmt hier auch die Fahrlässigkeit eine andere Gestalt an. Handelt es sich um einen Erfolgstatbestand, der die Verletzung eines Rechtsguts oder Rechts, etwa des Körpers oder des Eigentums nennt, so besteht die Sorgfalt im sachgemäßen Verhalten gegenüber dem Rechtsgut.[12] Was sachgemäßes Verhalten

---

[7] D. 13, 7, 14; D. 13, 6, 18 pr.
[8] Kunkel, ZSSt 45, 344 f.
[9] E I, § 144; Prot. I. 187; 302 f.
[10] Exner (1910) Das Wesen der Fahrlässigkeit 199 ff.; Deutsch (1963) Fahrlässigkeit und erforderliche Sorgfalt 120 f.
[11] Prot. II. 569; Karl Wolff (1923) Verbotenes Verhalten 231.
[12] Engisch (1930) Untersuchungen über Vorsatz und Fahrlässigkeit im Strafrecht § 21; Deutsch, Fahrlässigkeit und erforderliche Sorgfalt, 117 f.

ist, bestimmt eine Abwägung, die alle Umstände vom Rechtsgut bis zur Person des Gefährdeten und den vorherrschenden Sozialvorstellungen umfaßt. Bei einem Verhaltensnormtatbestand, etwa der Verletzung eines Schutzgesetzes oder einer Amtspflicht (§§ 823 Abs. 2, 839 BGB) besteht die Sorgfalt in normgemäßem Verhalten. Insoweit hat der Gesetzgeber die Abwägung selbst vorgenommen.[13]

Das sachgemäße oder normgemäße Verhalten bezeichnen wir als äußere Sorgfalt. Es stellt das mit Rücksicht auf die Tatbestandsverwirklichung gebotene Verhalten dar.[14] Gifte darf man nicht in Trinkflaschen füllen, in medizinischen Nachschlagwerken darf kein entstellender Druckfehler sein, eine elektrische Lampe darf nicht an ein Eisenbett geklemmt werden.[15] Innere Sorgfalt besteht in einem intellektuell-emotionalen Vorgang, der sich auf die Erkenntnis des Tatbestandes bzw. der Norm und auf die Einhaltung der äußeren Sorgfalt richtet.[16] So hat der Arzt sich über die Empfehlungen der Deutschen Röntgengesellschaft zu vergewissern, er hat bei einer Gelbfärbung des Neugeborenen an eine Rhesusunverträglichkeit zu denken und beim steilen Blutdruckabfall des operierten Patienten eine innere Blutung zu erwägen.[17] Sowohl die Einhaltung der inneren oder auch die Einhaltung der äußeren Sorgfalt genügt für unfahrlässiges Verhalten; verfehlt der Arzt das Operationsgebiet, bei dem er aufgrund einer falschen Diagnose eine Entfernung vornehmen wollte, handelt er insofern äußerlich sorgfältig; zittert dem Augenarzt bei der Operation die Hand, obwohl er in den Tagen vorher weder Tennis gespielt noch Alkohol getrunken hat, ist innere Sorgfalt gegeben.

Der Begriff der im Verkehr erforderlichen Sorgfalt ist normativ, objektiv typisierend und sozialbezogen. Normative Sorgfalt bedeutet, daß jeweils der zur Gefahrkontrolle angemessene Standard zu setzen ist. Gibt es neue Möglichkeiten zur sichereren Kontrolle der Gefahr, etwa weil weniger Nebenwirkungen auftreten, so sind diese einzusetzen. Statt einer Kontrastmittelaufnahme muß zuerst ein Computer- oder Kernspintomogramm angefertigt werden. Objektiv typisierend ist die Sorgfalt deswegen, weil auf das erwartete Verhalten eines Arztes oder Spezialarztes abgestellt wird. Regelmäßig kommt es nicht auf die geringeren persönlichen Fähigkeiten des Arztes an. Auch der Anfänger hat, freilich unterstützt durch einen Facharzt,

---

[13] Engisch, a. a. O.; Deutsch, a. a. O.

[14] Engisch, Untersuchungen über Vorsatz und Fahrlässigkeit, 269 ff.; Larenz, Schuldrecht I[12], § 20 IV; U. Huber (1973) Zivilrechtliche Fahrlässigkeit, Festschrift E. R. Huber 253, 265.

[15] BGH NJW 68, 1182; BGH JZ 71, 63; BGH VersR 56, 618.

[16] Brodmann, Über die Haftung für Fahrlässigkeit, AcP 99, 327; Engisch, Untersuchungen über Vorsatz und Fahrlässigkeit, 269 ff.; Huber, a. a. O., 266; Deutsch, a. a. O., 94 ff.

[17] RG Justiz 35, 1886 f.; BGH VersR 70, 544; BGH NJW 68, 2291.

dem Patienten für die Sorgfalt eines ordentlichen Operateurs einzustehen.[18] Die sozialbezogene Sorgfalt wirkt v. a. dadurch, daß sie nicht einen abstrakten Standard verlangt, sondern die Sorgfaltsanforderungen aus der konkreten Situation heraus bemißt.[19] Insoweit kann dann sowohl der Standard der äußeren als auch der inneren Sorgfalt umstandsweise herabgesetzt sein. Bei einer Auswertung der Aufnahme einer Röntgenreihenuntersuchung unter den Arbeitsbedingungen der unmittelbaren Nachkriegszeit waren diese Umstände zu berücksichtigen; erlegt die schärfer gewordene Verkehrsanschauung den Schleppliftunternehmern auf, scharfkantige Liftstützen abzusichern, so braucht diese Pflicht nicht unmittelbar von jedem erkannt zu werden.[20]

Medizinische Fahrlässigkeit

Kunstregel = Verhaltensregel

Trotz der Bedenken der Rechtsprechung, daß Sorgfalt und Kunstregel nicht parallel laufen,[21] geht die heutige Tendenz eindeutig dahin, dem behandelnden Arzt weniger Ermessen und mehr Verhaltensanweisung an die Hand zu geben. Die Bundesärztekammer veröffentlicht regelmäßig Richtlinien oder wenigstens Darreichungen, wie typische Maßnahmen ergriffen werden sollten. Sie reichen von der Feststellung des sog. Hirntodes bis zu Anweisungen hinsichtlich der ärztlichen Aufklärungspflicht. In der Literatur hat man darauf mit der These reagiert, daß der Arzt im wesentlichen Verkehrspflichten verletze, wenn er den Patienten falsch, d. h. verhaltensnormwidrig behandele. Nach ersten Ansätzen von Kröning hat Bodenburg schließlich die Konsequenz gezogen und das Arztverschulden hauptsächlich bei der Verletzung von Verhaltensregeln konzentriert.[22]

---

[18] Vgl. dazu BGH NJW 1984, 655; Deutsch, Die Anfängeroperation, NJW 1984, 655. Dazu Deutsch, Die Anfängeroperation: Aufklärung, Organisation, Haftung und Beweislastumkehr, NJW 1984, 650f.

[19] Mazeaud-Tunc, Responsabilitè civile[6] I Nr. 422.

[20] BGH NJW 61, BGH VersR 1985, 64ff., 66.

[21] RG HRR 1931 Nr. 1748; BGHZ 8, 138, 140.

[22] Kröning (1974) Die Bedeutung des Kunstfehlers für die Haftung des Arztes nach § 823 Abs. 1 BGB Göttinger Dissertation; Bodenburg (1983) Der ärztliche Kunstfehler als Funktionsbegriff zivilrechtlicher Dogmatik, passim.

Gruppenfahrlässigkeit

Eine Haftung nach dem Standard der sog. Gruppenfahrlässigkeit tritt schon dann ein, wenn die objektiv-typisierte Sorgfalt außer acht gelassen ist. Das gilt sowohl für das Vertragsrecht als auch für das außervertragliche Haftungsrecht. Der Grund dafür liegt in der Erwartung der Patienten und Kollegen und in der Übernahme der Behandlung, welche anzeigt, daß der Arzt den Anforderungen gewachsen ist.[23] So schuldet auch der Anfänger dem Patienten die vom Könner erwartete Sorgfalt; in einem medizinischen Nachschlagewerk darf sich kein grob sinnentstellender Fehler finden; die Dentisten haben bei Nervbehandlungen delikate Geräte, die verschluckt werden können, zu sichern; ein Arzt hat einen Patienten ins Krankenhaus oder an einen Spezialisten abzugeben, wenn er der Problematik nicht mehr gewachsen ist.[24]

Fahrlässigkeit bei der klinischen Forschung

Bezug der Fahrlässigkeit

Wie auch sonst, bezieht sich die Haftung für Fahrlässigkeit bei der klinischen Forschung auf Tatbestand und Rechtswidrigkeit, hier genauer auf die Rechtfertigung. Dabei kommt einmal gegenüber den Tatbeständen der Körper- und Gesundheitsverletzung der Standard des sachgemäßen Verhaltens zur Anwendung.[25] Was die Einwilligung des Patienten nach Aufklärung angeht, so bezieht sich die innere Sorgfalt auch auf diese.[26]

Es können aber auch Regeln nationaler und internationaler Art zu Verhaltensnormen geworden sein, die den Rang von Schutzgesetzen, Verkehrspflichten oder Dienstpflichten erreicht haben. Dazu gehören etwa die revidierte Deklaration von Helsinki über biomedizinische Versuche am Menschen, §§ 40f. AMG und evtl. auch noch Richtlinien, etwa aus früherer Zeit die Richtlinien des Reichsinnenministers aus dem Jahre 1931. Wird bei der klinischen Forschung in wesentlicher Weise gegen die Verhaltensnormen verstoßen, ist Fahrlässigkeit gegeben. Damit wird der Anwendungsbereich der Fahrlässigkeitshaftung im Bereich der medizinischen Versuche erweitert.

---

23 Larenz, Schuldrecht I[13], § 20 III; Laufs, Arztrecht[3] Rdnr. 158; Giesen, Arzthaftung 7f.
24 BGH NJW 1984, 550; BGH JZ 71, 63; BGHZ 8, 138; OLG Düsseldorf VersR 84, 791.
25 Fischer (1979) Medizinische Versuche am Menschen 78; Deutsch (1983) Arztrecht und Arzneimittelrecht, Rdnr. 327.
26 Vgl. BGHZ 20, 61ff.

Fahrlässigkeit wegen Übermaßes

Die uralte Vorstellung der Sorgfalt, nämlich für einen anderen überhaupt keine Gefahr zu begründen, wirkt heute noch im Verbot des Übermaßes nach. So hat Nr. 5 des Nürnberger Codex mit Recht statuiert, daß kein Versuch durchgeführt werden darf, wenn a priori ein Grund besteht für die Annahme, daß der Tod oder ein dauernder körperlicher Schaden eintreten wird.[27]

Fahrlässigkeit als Außerachtlassung des Standards der Forschung

Die Sorgfalt wird heute als der angemessene Umgang mit der Gefahr umschrieben. Grundsätzlich bedeutet das Abweichen vom Standard die Vermutung der Fahrlässigkeit.[28] Nicht mehr als die Vermutung jedoch: die Abweichung vom Standard kann versehentlich oder im guten Sinne intentionell geschehen. Verläßt man die Sorgfalt versehentlich, so handelt man regelmäßig fahrlässig.

Wer jedoch den Standard durch die Entwicklung einer neuen Behandlungsmethode verbessern will, muß ihn zunächst in Frage stellen. Das bedeutet nicht selten, daß man gegen eine allgemeine oder die herrschende Meinung angehen muß. Zwei Beispiele mögen das erläutern: Zu Beginn der Vergiftungen mit dem Pflanzenschutzmittel E 605 gehörte es zum Standard, gegen die Kontraktion der Pupillen erweiternde Mittel zu geben. Neuartige Behandlungen, die die Therapie dieses Symptoms außer acht ließen, stießen auf erheblichen Widerstand. Oder zu Beginn der Reperfusionsbehandlung beim Herzinfarkt ist es notwendig, durch eine Kontrastmitteldarstellung den Ort der Okklusion festzustellen. Nach den Regeln der American Heart Association zu der damaligen Zeit galt es als kunstwidrig, bei einem frischen Herzinfarkt eine Kontrastmitteldarstellung vorzunehmen.

Wie kann man das Abweichen vom Standard bei einem spontanen oder einem geplanten Versuch oder gar einer Versuchsreihe rechtfertigen? Nur zu sagen, daß das Bessere der Feind des Guten sei, ist wohl zu einfach. Auch einen besonderen Standard im Verkehrskreis der mit der klinischen Forschung befaßten Ärzte anzunehmen, würde methodisch nichts weiter als eine Lösung durch Einführung eines neuen Begriffs sein. Vielmehr bedarf die Abkehr von einem anerkannten Standard medizinischer Behand-

---

[27] Text NJW 1949, 377. Zu dieser Bestimmung vgl. Deutsch (1985) Die 10 Punkte des Nürnberger Ärzteprozesses über die klinische Forschung am Menschen: Der sog. Nürnberger Codex, Festschrift für Wassermann, 69 ff., 75.

[28] Zu der generellen Problematik des Standards vgl. Teubner (1970) Standards und Direktiven in Generalklauseln, passim.

lung wissenschaftlich relevanter Gründe und darf nur in Form eines wissenschaftlich anerkannten Versuchs vorgenommen werden.

Wissenschaftliche Relevanz des Versuchs

Die wissenschaftlich anerkannten Gründe für eine versuchsweise Behandlung unter Abgehen vom Standard liegen in der Ungewißheit begründet. Bestehen Zweifel daran, ob die bisher übliche Standardmethode überhaupt wirksam ist oder verbessert werden kann, so darf auf dem Wege der Forschung Gewißheit gewonnen werden. Daß es sich dabei nur um eine statistische Gewißheit handelt, gilt selbstredend. Zweifel bestehen allerdings, ob eine objektive Ungewißheit gegeben sein muß oder ein subjektive Ungewißheit ausreicht bzw. sogar erforderlich ist. Eine objektive Ungewißheit würde bedeuten, daß die Standardmethode intersubjektiv bezweifelt wird. Die subjektive Ungewißheit kann hingegen nur in der Person des forschenden Arztes bestehen. Meines Erachtens genügt eine objektive Ungewißheit, die von einer Reihe von Fachleuten geteilt wird. Der klinische Forscher selbst kann etwa an einer kontrollierten klinischen Studie, die an mehreren Zentren durchgeführt wird, teilnehmen, auch wenn er selber keinen Zweifel an der Richtigkeit der Standardmethode hat. Der Standard ist nämlich niemals auf den einzelnen, sondern stets auf mehrere bezogen.

Wissenschaftliches Forschungsprogramm

Das Abweichen von der Standardbehandlung darf nicht willkürlich geschehen, sondern hat sich in anerkannten Formen zu vollziehen. So gibt es den Einzelversuch, die Pilotstudie und unterschiedliche Formen der kontrollierten klinischen Studie. Sie müssen auf eine wissenschaftlich sinnvolle Fragestellung zurückzuführen sein; der Versuch muß nach den etablierten Regeln über die klinische Forschung vorgenommen werden; Zustimmung nach Aufklärung des Patienten muß gegeben sein; das Risiko für den Patienten darf nicht zu groß sein und muß in einem angemessenen Verhältnis zu dem erwarteten Ergebnis stehen; die Persönlichkeitsrechte des Patienten müssen gewahrt sein.[29] Eine versuchsweise Vergleichung unterschiedlicher Bestrahlungsformen von Karzinomen etwa, ist fahrlässig, wenn das Vorgehen nicht in einem Forschungsprotokoll niedergelegt worden ist.

---

[29] Vgl. Laufs, Die klinische Forschung am Menschen nach deutschem Recht, Karlsruher Forum 1978, 3 ff.; Deutsch, Die klinische Forschung am Menschen im amerikanischen internationalen Recht, Karlsruher Forum 1978, 11 ff.

Wissenschaftliche Forschung und Heilversuch

Seit den 20er Jahren dieses Jahrhunderts wird die klinische Forschung von dem Unterschied zwischen Grundlagenforschung und Heilversuch beherrscht. Die bisher besprochene Außerachtlassung des heutigen Standards der Behandlung gilt für gewöhnlich für Heilversuche, mögen sie individuell oder im Rahmen einer kontrollierten klinischen Prüfung erfolgen. Aber auch kontrollierte klinische Prüfungen enthalten Merkmale der wissenschaftlichen Forschung. Daneben gibt es Gefährdungen von Probanden in rein wissenschaftlichen Forschungen, etwa Versuchen über Blutdruck und Blutdrucksenkung oder über Schockblut oder zur Überwindung der Unterschiede der Blutgruppen. Die Gefährdung einer Person für rein wissenschaftliche Forschungszwecke scheint zunächst jeder Vorstellung von Sorgfalt zu widersprechen. Hat man hier nicht geradezu die Schaffung der Gefahr zu vermeiden? Jedoch ist wissenschaftliche Grundlagenforschung nötig zum Fortschritt und Wohle der Menschheit. Deshalb ist nach völliger Aufklärung und Zustimmung des Probanden eine maßvolle und kontrollierte Gefährdung zulässig. Für die rein wissenschaftliche Forschung gilt noch mehr als für Heilversuche der Grundsatz, daß jede größere Gefahr unzulässig ist und daß dem Wohlergehen der Probanden besondere Aufsicht geschenkt werden muß.

Erlaubtes Risiko und Fahrlässigkeit

Die Problematik des Handelns auf eigene Gefahr bzw. des erlaubten Risikos ist bis heute in Rechtsprechung und Lehre ungeklärt und streitig geblieben.[30] Die grundlegende Frage richtet sich auf das „Erlaubtsein" und seine Begründung. Liegt die Erlaubnis in der Einwilligung, so ist zu unterscheiden, ob es sich um die Einwilligung in eine Verletzung, etwa in eine Blutabnahme bei einem klinischen Versuch, oder in eine Gefährdung handelt. Die Einwilligung in die Verletzung ist Rechtfertigungsgrund; die Einwilligung in die Gefährdung schafft erst das erlaubte Risiko. Besteht die Erlaubnis ohne Einwilligung, etwa kraft Gesetzes, z. B. nach § 41 Ziff. 7 AMG, so richtet sich die Fahrlässigkeit im wesentlichen nach den gesetzlich angegebenen Grenzen der Gefährdung. Jede, auch die geringfügigste Überschreitung dieser Grenzen führt zur Haftung wegen Fahrlässigkeit. Die Erlaubnis des Risikos ist hier limitiert. Wer also etwa versehentlich annimmt, daß ein Heilversuch möglich sei, da es sich um einen schweren Fall handele und durch die Aufklärung der Behandlungserfolg gefährdet würde (§ 41 Ziff. 7

---

[30] Vgl. BGHZ 34, 355, aber teilweise zurückgenommen in BGH NJW 75, 110f.; Stoll (1961) Das Handeln auf eigene Gefahr; Deutsch (1974) Haftungsrecht I, 327ff.

AMG) und sich in dieser Annahme täuscht, der haftet für die Verwirklichung jeden Risikos.

Ausgleich bei der Schadenstragung

Probandenversicherung nach § 40 Abs. 3 AMG

Die klinische Prüfung eines Arzneimittels wird durch eine Versicherung zugunsten des Probanden oder Patienten gesichert. Gemäß § 40 Abs. 3 AMG muß sie in einem angemessenen Verhältnis zu dem mit der klinischen Prüfung verbundenen Risiken stehen und für den Fall des Todes und der dauernden Erwerbsunfähigkeit mindestens DM 500000,– betragen. Sie greift ein für den Fall, daß bei der Durchführung der klinischen Prüfung ein Mensch getötet oder der Körper oder die Gesundheit des Menschen verletzt wird, § 40 Abs. 1 Ziff. 8 AMG.[31] Man wird sich fragen müssen, ob die gesetzliche Anordnung der Unfallversicherung zugunsten der Probanden aus heiterem Himmel durch den Gesetzgeber erfolgt ist oder ob sie auf einer an sich sicheren Basis steht. Ich meine, daß der Gedanke der Aufopferung diese Basis darstellt. Es handelt sich um die klassische Aufopferungssituation: Der Proband oder Patient stimmt einer unsicheren, möglicherweise standardwidrigen Behandlung zu, um jedenfalls auch dem medizinischen Fortschritt zu dienen. Die damit in Kauf genommenen Risiken sollten jedenfalls teilweise von der Allgemeinheit abgedeckt werden.[32]

Gefährdungshaftung oder Aufoperung?

Mit dem Übergang der Sorgfalt von der Vermeidung der Gefahr zur Kontrolle der Gefahr ist ein Ausgleich notwendig geworden. Übermäßige Gefahren zu schaffen, wird oft in Verhaltensnormen, die Schutzgesetze oder Amtspflichten sind, verboten. Deren schuldhafte Verletzung führt dann schon früher zu einem Ersatzanspruch als die normale Fahrlässigkeitshaf-

---

31 Granitza (1980) Haftungs- und Versicherungsfragen im Zusammenhang mit der klinischen Prüfung von Arzneimitteln, Festgabe für Weitnauer 315; Bausch, Die Regelung der Probandenversicherung im neuen Arzneimittelrecht. VersR 79, 212; Sander, Die Versicherung der klinischen Prüfung. Pharm Ind 78: 26; Klingmüller, Zur Probandenversicherung nach dem neuen AMG, Festschrift Hauß (1978) 169; Bork, Aufklärungspflichten über die Probandenversicherung, VersR 83, 1094.

32 Auch BGHZ 20, 61 beruht auf dem Aufopferungsgedanken. Granitza, a. a. O., ist jedoch der Auffassung, daß der dort ausgesprochene verschuldensunabhängige Aufopferungsgedanke nur unter öffentlich-rechtlichem Aspekt zur Anwendung komme. Diese Einschränkung auf den öffentlichen Bereich bedarf wohl noch der Begründung.

tung. Das gilt auch etwa für die „Revidierte Deklaration von Helsinki" und die Regeln des AMG über die klinische Prüfung, soweit sie Verhaltensnormen enthalten. Die Einschränkung des Vermögensschutzes durch die Umdefinition der Fahrlässigkeit hat aber auf anderem Gebiet eine weitere Kompensation erfahren. Seit der Umdefinition der Fahrlässigkeit gibt es Gefährdungshaftungen für die Schaffung eines übermäßigen Risikos, etwa durch hohe Geschwindigkeiten, die Ansammlung oder Fortleitung erheblicher Energiemengen oder die Produktion von Arzneimitteln.[33] Sofern ein vorsätzlicher Eingriff in das Rechtsgut erfolgt, ist auch eine Aufopferungsentschädigung, etwa in analoger Anwendung des § 904 S. 2 BGB möglich.[34] Im übrigen ist das Verhältnis von Gefährdungshaftung und Aufopferungshaftung weitgehend ungeklärt.[35] Die erweiterte über den normalen Standard hinausgehende Gefährdung der Patienten und Probanden in der biomedizinischen Forschung sollte einen Ausgleich bei der Schadenstragung finden. Als solcher würde sich in erster Linie eine objektive Haftung, am besten wohl eine Gefährdungshaftung für das Risiko des klinischen Versuchs eignen. Sie könnte durch eine Versicherung abgelöst oder wahrgenommen oder auch unterstützt werden.[36] Jedenfalls sollte die Erlaubnis zur risikoreichen Behandlung nicht ohne objektive Ausgleichsmöglichkeit gewährt werden können.

Zusammenfassung

1. Die Sorgfalt hat sich von der Vermeidung zur Kontrolle der Gefahr gewandelt. Das damit erlaubte Risiko wird durch Verhaltensnormen als Schutzgesetze oder Amtspflichten in Schach gehalten oder durch Gefährdungs- oder Aufopferungshaftungen ausgeglichen.
2. Maßstab der äußeren und inneren Sorgfalt der Fahrlässigkeit ist der Standard im engeren Verkehrskreis, d.h. der Ärzte und Spezialisten dieses Fachgebiets. Die Abweichung vom Standard läßt zunächst auf ein Verschulden schließen. Geschieht die Abweichung jedoch bewußt und meist auch mit Einwilligung des Patienten und Probanden nach

---

33 v. Caemmerer (1971) Reform der Gefährdungshaftung; Deutsch (1967) Gefährdungshaftung und Verschuldenshaftung, Karlsruher Forum 1.

34 Die Anwendung der Aufopferungshaftung nach § 904 S. 2 BGB auf bewußte und gewollte Eingriffe einschränkend: BGH VersR 85, 66 f.

35 Vgl. Horst (1966) Querverbindung zwischen Aufopferungsanspruch und Gefährdungshaftung einerseits und Aufopferungsanspruch und Eingriffserwerb andererseits.

36 Der 52. DJT hat 1978 gefordert; eine objektive Haftung, etwa in Anlehnung an das Arzneimittelgesetz einzuführen (Beschlüsse der Abt. Arztrecht des 52. DJT) JZ 1978, 828.

Aufklärung, so ist eine neue Stufe der Fahrlässigkeitsbetrachtung erreicht.

3. Die Abweichung vom Standard in der klinischen Forschung ist nur aufgrund einer validen Forschungsfrage und unter Einhaltung der stringenten Regeln der klinischen Forschung erlaubt. Diese Regeln ergeben sich aus §§ 40f. AMG, der „Revidierten Deklaration von Helsinki" sowie aus der Anschauung der Forscher. Die Fahrlässigkeit bei der klinischen Forschung richtet sich auf den Tatbestand und die Rechtswidrigkeit. Sie bezieht dabei auch Verhaltensnormen ein, welche die höhere Gefährdung in der klinischen Forschung erlauben, etwa §§ 40f. AMG oder die „Revidierte Deklaration von Helsinki". Diesen Verhaltensnormen ist unbedingt Rechnung zu tragen.
4. Es ist nicht sorgfaltswidrig, den Standard in Frage zu stellen, wenn er Zweifeln ausgesetzt ist. Dabei muß eine objektive Ungewißheit vorliegen, die nicht von einer subjektiven Ungewißheit bei jedem Forschungsleiter begleitet zu sein braucht. Die klinische Forschung folgt eigenen Sorgfaltsregeln relativ strenger Natur. Daß nur wenige Fälle bislang vor die Gerichte gekommen sind[37] zeigt, daß Forscher sich an ihre Regeln und an den Standard im besonderen Maß zu halten pflegen. Das gilt jedenfalls für die wissenschaftliche Forschung, bei der fehlgehende Versuche am ehesten zu Ansprüchen führen. Heilversuche hingegen werden von der wiederkehrenden und unlösbaren Problematik der natürlichen Verschlechterung der Krankheit überschattet.

---

[37] Eine Reihe von Fällen ist aufgeführt in Deutsch (1977) Das Recht der klinischen Forschung am Menschen, 28ff.

Die Bedeutung der Forschung am Menschen aus der Sicht des Chirurgen

L. Koslowski

Beispiele aus Vergangenheit und Gegenwart

Wissenschaftlich fundierte, forschende Chirurgie gibt es seit der Mitte des 19. Jahrhunderts. Lange Zeit war sie ersichtlich Forschung am kranken Menschen. Ein eindrucksvolles Beispiel dafür ist die Aufklärung der Natur der Appendizitis, die erst 160 Jahre zurückliegt. Bis dahin hatte man Entzündungen und Abszesse auf der rechten Beckenschaufel als Typhlitis, Perityphlitis und Paratyphlitis bezeichnet. Der Franzose Villermay erkannte den Wurmfortsatz als Ausgangspunkt der Entzündung. Aber erst 60 Jahre später wurde die erste Appendektomie - mit ungünstigem Ausgang - vorgenommen. Und erst zu Beginn dieses Jahrhunderts wurde die Appendektomie als kausale Therapie der Appendizitis eingeführt.

Der erste chirurgisch-klinische Großversuch am Menschen war wohl die Erprobung der Karbolantisepsis durch Lord Lister.

Ein anderes Beispiel für klinische Forschung in der Chirurgie sind die Arbeiten von Billroth über die Operationstechnik am Magen. Hunderte von Menschen wurden operiert, um feststellen zu können, welche Vor- und Nachteile die Magenresektionsverfahren Billroth I und II mit sich bringen. Ein solches Vorgehen wurde damals (vor 100 Jahren) von der Gesellschaft einhellig akzeptiert - im Vertrauen auf die ethische Integrität des Chirurgen. Liest man Billroths Berichte heute, so beeindrucken die rückhaltlose Ehrlichkeit und Selbstkritik, mit der er die Operationsletalität, seine Irrtümer und Fehler offenlegte.

Antisepsis und Asepsis im Operationssaal wie auch die Technik der Magenresektion konnten nur am Menschen erprobt werden, welche Vorarbeiten bakteriologischer oder tierexperimenteller Art auch immer vorangegangen waren.

Theodor Kocher, der Schöpfer der Schilddrüsenchirurgie, erhielt 1909 als erster Chirurg den Nobelpreis - nicht etwa für seine Operationstechnik, sondern für seine Forschung über die Pathophysiologie der Schilddrüse, die er am Menschen durchführte. Unter der Vorstellung, es mit Schilddrüsenkrebsen zu tun zu haben, führte er bei zahlreichen Patienten ohne vorherige histologische Bestätigung totale Exstirpationen der Schilddrüse durch, die natürlich schwere Hypothyreosen auslösten. Es ist bekannt, daß Kocher in schwere Depressionen geriet, als er erkennen mußte, daß er diese Patienten unnötig geschädigt hatte.

Der zweite chirurgische Nobelpreisträger Werner Forssmann erhielt die Auszeichnung 1956, fast 3 Jahrzehnte nach seiner Leistung - der Idee der Katheterisierung des Herzens und ihrer Verwirklichung im Selbstversuch. Sein damaliger Chef, Ferdinand Sauerbruch, zweifellos ein genialer Mann mit einer hervorragenden Intuition für pathophysiologische Zusammenhänge, hat die Bedeutung des Selbstversuches von Forssmann damals nicht erkannt.

Ein weiteres Beispiel ist die Entwicklung der Vagotomie als Alternative zu den Magenresektionen. Hier waren dem Tierexperiment enge Grenzen gesetzt, und die Prüfung am Menschen stand ganz im Vordergrund - sie hat sich über 4 Jahrzehnte erstreckt.

Die Marknagelung der langen Röhrenknochen war bei ihrer Einführung durch Küntscher vor 45 Jahren eine revolutionäre Idee, die bei den damaligen chirurgischen Altvorderen Kopfschütteln und Ablehnung auslöste - heute ist sie längst ein weltweites Standardverfahren der Knochenbruchbehandlung.

Andere, moderne Beispiele solcher Konzepte sind die Leberperfusion mit Zytostatika bei Lebermetastasen von Kolonkarzinomen und die regionale Extremitätenperfusion beim Melanom - Ideen, die nur am Menschen erprobt werden können, wie auch der Vergleich kontinenzerhaltender Operationen beim Rektumkarzinom mit der Amputation des Enddarmes.

Die Entwicklung der Organtransplantation zeigt, wie nach sorgfältigen tierexperimentellen Vorarbeiten der Übergang zum therapeutischen Versuch am Menschen gewagt werden muß: Der Biologe Medawar wurde während des Zweiten Weltkriegs von einem Chirurgen gefragt, wie er einem Schwerbrandverletzten am besten helfen könne. Medawar schlug die Transplantation von Fremdhaut vor, die verständlicherweise aus immunologischen Gründen mißlang. Dies führte Medawar zu seinen bekannten Forschungen über die Rolle der Lymphozyten bei der Abstoßung fremden Gewebes. Zehn Jahre später (1954) war die immunologische Forschung so weit gediehen, daß man die erste Nierentransplantation am Menschen wagen konnte. Es folgten 1963 die erste Lebertransplantation, 1967 die erste Herz- und Pankreastransplantation.

Zur Durchführung von Eingriffen, deren Mißlingen den Tod des Patienten bedeutet, gehört zweifellos großer Mut. Dennoch wurde die höchste wissenschaftliche Auszeichnung, der Nobelpreis, im Falle der Organtransplantation nicht den mutigen Erstoperateuren, sondern Medawar für seine Grundlagenforschung zuerkannt.

In der Organtransplantation spielt heute Cyclosporin A eine wichtige Rolle als Immundepressivum. Wie anders als am Menschen hätte man es erproben können? Man denke an das Kunstherz, an dem Bücherl in Berlin seit Jahrzehnten arbeitet. Die Amerikaner hatten den Mut, es am Menschen zu erproben - freilich bisher nur mit kurzfristigem Erfolg. Ob die Einpflanzung eines Affenherzens in einen Menschen ethisch gerechtfertigt oder nur das Ergebnis wissenschaftlicher Neugier war, steht dahin.

Motivation und Methodik

Damit sind wir bei den Motiven, die den Chirurgen zur Forschung am Menschen bewegen: Das älteste Motiv ist sicherlich die Verzweiflung, die ihn überfällt, wenn er nicht oder nicht mehr helfen kann. Die schlimmste Situation, in die ein Operateur geraten kann, ist der Exitus in tabula - ein Erlebnis, das er nie vergißt. Aus solchen Erfahrungen erwachsen Verzweiflungstaten, die Anlaß oder Ausgangspunkt für die chirurgische Forschung am Menschen werden können.

Ein anderes Motiv ist der Entwurf einer neuen Konzeption. Ein Beispiel hierfür bietet Cushing mit seinen Arbeiten über die Funktionen von Hypophyse und Nebenniere. Er mußte zunächst den operativen Zugang zur Hypophyse erarbeiten, um die Drüse ausschalten und damit sein Konzept bestätigen zu können.

Die Neugier als wissenschaftliches Motiv hatte ich eben genannt. Sie ist sicher legitim, sofern die Grenzen des ethisch Vertretbaren nicht überschritten werden. Wir alle kennen Versuche am Menschen, die gegen diese Regel verstoßen haben - nicht nur Versuche in nationalsozialistischen Konzentrationslagern an Häftlingen, sondern auch in anderen Ländern. Sie waren ja der Anlaß zur Gründung der Ethikkommissionen.

Chirurgische Forschung gründet i. allg. auf induktivem Denken, das vom besonderen, vom interessanten Einzelfall ausgeht und das Allgemeine, Gesetzmäßige zu ergründen sucht. Der Chirurg beobachtet ein Krankheitsbild, dessen Ursachen er durch die Anwendung pathophysiologischer, histologischer und immunologischer Kenntnisse zu ergründen sucht. Die klassischen chirurgischen Forscher, wie Billroth, Kocher, Sauerbruch, Cushing, waren im Grunde auch geniale Pathophysiologen, d. h. theoretische Mediziner. Zur Kenntnis der theoretischen Grundlagen der Medizin muß eine Intuition hinzukommen, ein künstlerisches Element, das wissenschaftlich nicht definiert werden kann. Durch die Tendenz zum induktiven Vorgehen unterscheidet sich die chirurgische Forschung von der reinen Grundlagenforschung, die in der Regel ja deduktiv verfährt.

Neben der induktiven Forschung, die von der klinischen Einzelbeobachtung ausgeht und in der Regel bis zur Klärung des Problems umfangreiche Tierversuche und ein Stadium experimenteller Therapie am Menschen durchlaufen muß, gibt es heute die klinischen Studien. Ihr Ziel ist die Erforschung pathophysiologischer Veränderungen nach chirurgischen Operationen unter Langzeitbeobachtung oder etwa die Klärung der Effektivität chirurgischer Krebsbehandlung. Diese klinischen Studien haben tierexperimentelle Untersuchungen auf manchen Gebieten in den Hintergrund gedrängt bzw. überflüssig gemacht.

Beispiele solcher klinischen Studien sind die internistisch-chirurgische M.-Crohn-Studie und auch die Untersuchung über die Behandlung des Magenkarzinoms, die allerdings erst angelaufen ist. Als Beispiel für chirurgisch-klinische Forschung möchte ich die vorläufigen Ergebnisse einer multizentrischen Studie zum M. Crohn vorlegen: 16 chirurgische Universitätskliniken beteiligten sich daran. 8 Kliniken operierten ihre Crohn-Fälle radikal, d. h. sie resezierten mit großem Sicherheitsabstand, die anderen 8 operierten sparsam. Es wurde die Rezidivhäufigkeit bei 177 Fällen kontrolliert. Überraschenderweise traten nach radikaler Operation mehr Früh- und Spätrezidive auf als nach sparsamer Resektion. Daraus ergibt sich für die Chirurgen die Empfehlung, beim M. Crohn so organerhaltend wie möglich zu operieren. Die medikamentöse Therapie war ohne Einfluß auf die Rezidivhäufigkeit.

Bedeutung der klinischen Studien für die Praxis

Solche Ergebnisse sind für den Chirurgen und seine Entscheidungen bedeutungsvoll. Sie können aber nur im Rahmen einer multizentrischen Studie gewonnen werden, weil eine einzelne Klinik 20–30 Jahre bräuchte, um ein ausreichendes Patientengut mit einer doch relativ seltenen Erkrankung zu beobachten.

Ähnliche Bedeutung haben die Sammelstatistiken über die operative Behandlung von Knochenbrüchen, die von der internationalen Arbeitsgemeinschaft für Osteosynthesefragen, der AO, gewonnen wurden, und woran v. a. die deutsche Sektion der AO mitgewirkt hat. So wissen wir heute recht genau, welche Verfahren bei bestimmten Lokalisationen und Formen von Frakturen zu bevorzugen, und welche möglichst zu vermeiden sind.

Wann kann man beurteilen, ob ein neuentwickeltes Operationsverfahren brauchbar ist, ober ob es ein Irrweg war? Nach 20 oder nach 200 Operationen? Der Baseler Chirurg Nissen war der Meinung, 20 Operationen genügten, um zu zeigen, daß ein Verfahren untauglich sei. Gewiß haben viele klinische Studien große Aussagekraft und einen hohen Wert für die klinische Medizin. Andere Studien sind überflüssig oder aus ethischen oder statistischen Gründen nicht vertretbar. Es gibt, wie allgemein bekannt ist, eine chirurgische Arbeitsgemeinschaft für klinische Studien, die sich mit dem Ablauf chirurgischer Entscheidungsprozesse und seiner Standardisierung befaßt. Dieser Entscheidungsprozeß muß wissenschaftlich begründet und nachvollziehbar sein. Er betrifft Diagnostik, Indikation, Verfahrenswahl und Technik. Solche Entscheidungsstrukturen können durch Flußdiagramme oder Entscheidungsbäume dargestellt werden, also mit den Methoden der Mathematik und der Logik. Im Einzelfalle eines Patienten aber muß unbedingt Raum für Entscheidungskunst, für ärztliche Intuition bleiben. Auf sie kann die chirurgisch-klinische Forschung nie verzichten.

Die Bedeutung der Forschung am Menschen aus der Sicht der klinischen Pharmakologie

H. Kleinsorge

Geschichte der klinischen Pharmakologie

Theodor Wittmaack [12] schrieb 1857 ein Buch „Beiträge zur rationellen Therapie." In diesem Werk kam der in Altona praktizierende Arzt zu folgender Feststellung:

„Die Arzneikunde, möchte man sagen, ist kaum noch das, was sie sein soll: Physiologen, Physiker und Chemiker wollen Ärzte sein. Was denn, diese? Die recht traurige Folge von diesem Metaplasmus ist die, daß zwar die Theorie in möglichst exakter Weise ausgebaut wird, die Praxis damit aber nicht allein nicht harmoniert, sondern in manchem Stück sogar kollidiert.

Des eigentlich Positiven in den Naturwissenschaften ist, sofern es auf die Medizin Bezug hat, bis jetzt ein sehr Weniges, es sind immer nur noch Anfänge von Versuchen, die vorliegen, deren Interesse vom chemischen Gesichtspunkt aus betrachtet freilich fesselnd genug ist, ja, die selbst den künftigen Fortsetzungen der Forschung eine gute Prognose stellen, die aber in ihrem Ansehen ihrer medizinisch-praktischen Verwendung bis jetzt keineswegs den darauf gestützten Hoffnungen entsprochen haben.

Wissen wir z.B. zur Stunde wie die salinischen Abführmittel wirken? Wissen wir es genau, um nach medizinischer Logik ein Verfahren darauf zu begründen? Wir haben bis jetzt darüber nur Vermutungen, und wenn diese auch z.T. nicht unwahrscheinlich sind, Beweise fehlen durchaus."

Elf Jahre vor dieser Veröffentlichung bemühte sich der Internist und Kliniker Wunderlich [13] in Leipzig bereits, mögliche statistische Methoden für die klinische Prüfung am Arzneimittel zu fordern und kann als der Erste gelten, der dabei auch an biometrische Verfahren dachte:

„Die gewöhnlich einzige Gewähr für den Erfolg einer Behandlungsmethode sind die Versicherungen aus den Reminiszenzen der Praxis. Es ist schon schlimm genug, wenn die therapeutische Erfahrung des einzelnen auf nichts als auf Reminiszenzen des Selbsterlebten aufgebaut ist: Denn man weiß, wie trügerisch diese Erinnerungen sind, wie gerade die auffallenden, exzeptionellen Fälle am meisten sich einprägen, wie gern die Fälle im Gehirn sich mit der Zeit verdoppeln und verdreifachen, wie es auf die subjektive Stimmung ankommt, ob man die Erfahrung häufig oder selten gemacht zu haben glaubt ... Was soll aber daraus werden, wenn widerstreitende Behauptungen auf individuelle Reminiszenzen gestützt einander gegenüberstehen: Wie soll da jemals eine Entscheidung möglich werden?"

Auf der einen Seite die Ablehnung naturwissenschaftlicher Denk- und Arbeitsweise in der Medizin, auf der anderen Seite die Forderung nach der Abkehr der Empirie und der Einführung objektiver Kriterien in die Therapieforschung. Auch mehr als 130 Jahre später ist diese konträre Denkweise - angepaßt an unsere heutige Argumentationsart - aktuell. Man vergleiche nur die Ausführungen von Kienle [6] als Vertreter der anthroposophischen Medizin zu den international üblichen und von den zuständigen internationalen Gremien wie der Weltgesundheitsorganisation anerkannten Forderungen an Arzneimittelprüfungen. Der Kernpunkt ist bekannt: Medizin gehört nicht zu den exakten Naturwissenschaften. Der Mensch als Forschungsobjekt ist nicht mit einer mathematischen Gleichung, einer physikalischen Formel oder einer umrissenen chemischen Struktur vergleichbar. Deswegen von einer Forschung am Menschen abzusehen, würde auch andere Wissenschaftszweige, wie Psychologie und Soziologie betreffen.

Wie hat sich nun historisch die Arzneimittelprüfung am Menschen entwickelt? Wenn man auf die jahrtausendelange Empirie zurückschaut, wurden die verschiedensten pflanzlichen, tierischen und mineralischen Stoffe oft unter heute absonderlich erscheinenden Vorstellungen ohne Zwischenschaltung irgendwelcher Tierversuche am kranken Menschen als Heilmittel angewandt. Die mehr oder weniger unkritische Arzneimittelprüfung am kranken Menschen ist also schon so alt wie die Heilkunde selbst. Erst die Überwindung des antiken Autoritätsglaubens unter der beginnenden neuzeitlichen Denkweise sowie die allmähliche Durchsetzung gewisser naturwissenschaftlicher Grundprinzipien, wie etwa die Erkenntnis der Bedeutung des Experiments, schufen die Voraussetzungen für gezielte Untersuchungen von Arzneimitteln.

Im Zusammenhang mit den ersten Experimenten standen auch die ersten Selbstversuche von Wissenschaftlern. Erinnert sei an Konrad Gessner, der „Heilpflanzen", u.a. Tabakblätter, im 16. Jahrhundert an sich selbst erprobte. Im 17. Jahrhundert begannen die ersten tierexperimentellen Beobachtungen. Dale führte 1692 die Bezeichnung „Pharmakologie" ein. Das erste pharmakologische Institut im heutigen Sinne wurde 1849 von Buchheim in Dorpat gegründet. Er versuchte, naturwissenschaftliche Methoden zur Arzneimittelprüfung im Tierversuch zu entwickeln und strebte damals bereits eine enge Zusammenarbeit von Physiologen, Pathologen und Klinikern an.

Mit den zunächst aus Textilfarbenfabriken im 19. Jahrhundert sich entwickelnden Chemieunternehmen wuchs in Deutschland auch die Möglichkeit, Wirkstoffe zu synthetisieren. Zu diesen gehörten u.a. Antipyrin, Phenazetin, Acetylsalicylsäure, die zu immer breiteren Forschungen auch im Sinne der Erprobung am Menschen führten. Es ist heute eindrucksvoll, den damals noch wenig systematisierten Weg dieser ersten Wirkstoffe vom Selbstversuch bis zur ersten therapeutischen Anwendung am Menschen zu verfolgen.

Der Pharmakologe Seel übernahm 1929 die Leitung einer Forschungsabteilung für klinische Pharmakologie in Hamburg-Eppendorf und erhielt 1934 den ersten Lehrauftrag für „Klinische Pharmakologie“ in Deutschland an der Universität Berlin. Seel ist auch die Bezeichnung „Klinische Pharmakologie“ als Forschungsgebiet zu verdanken. Der bekannte Tübinger Internist Bennhold habilitierte sich bereits 1932 in Hamburg für „Klinische Pharmakologie und Therapie“. Im gleichen Jahr veröffentlichte Martini sein bedeutsames, richtungweisendes Buch *Methoden der therapeutisch-klinischen Forschung,* in dem er sich grundsätzlich mit dem Vorgehen auf dem Gebiet der Arzneimittelprüfung auseinandersetzte. Martini schrieb in der 4. Auflage, die 1968 erschien und wenige Tage vor seinem Tode im Manuskript abgeschlossen wurde [10], zur damaligen Situation:

„Die Ausgangsstellung unseres therapeutischen Vorgehens lag bis vor wenigen Jahrzehnten größtenteils entweder in allgemeinen Erfahrungen über Faktoren und Konstellationen, die geeignet sind, die Entstehung von Krankheiten zu begünstigen bzw. zu verhindern, oder sie entstammten ärztlichen Traditionen. Heute sind sie häufiger auf Deduktionen zurückzuführen, die den verschiedenen theoretischen Fächern der Medizin entstammen. Dieser letzte Ausgang hat immer mehr an Bedeutung gewonnen und fast alle großen und gesicherten therapeutischen Entdeckungen der letzten Jahrzehnte sind so zustande gekommen. Zuvor aber waren die therapeutischen Entdeckungen, denen der Rang des Großen und Gesicherten zukam, mehr als selten. Sie waren dem Zufall – dazu dürfte die Entdeckung der Digitalis und der Chinarinde gehören – oder intuitiver Einsicht zu danken, wie Semmelweis' Erkenntnis der Bedeutung und der Verhütung des Puerperalfiebers. Aber gerade ihre Seltenheit bei solcher Genese ist ein Beweis, daß dieser Weg zur therapeutischen Erkenntnis kein vollkommener sein kann. Daß er dennoch unentbehrlich bleibt, dafür liefert wiederum die therapeutische Geschichte der letzten Zeit den Beleg: Die gesamte Wissenschaft der aus Pilzen gewonnenen Antibiotika nahm letzten Endes von einer einzigen visuellen Beobachtung Flemings ihren Ausgang.

Vielfach ist der induktive und deduktive Anteil an der Arzneimittelforschung abgewogen und diskutiert worden. Mit der enormen Ausweitung der experimentellen Forschung und ihrer Möglichkeit wächst die Bedeutung des deduktiven Forschungsanteils, ohne daß die Induktion in Form von „Zufallsentdeckungen“, die genaue Beobachtung im Labor und am Patienten ihre Bedeutung ganz verlieren (z. B. orale Antidiabetika). Auch Martini konnte sich in seiner systematischen Erfassung der Prüfungsmethodik auf historische Gegebenheiten beziehen. Bekanntlich fand die erste geplante Vergleichsstudie am Patienten 1758 unter der Leitung von James Lind statt, um das Entstehen bzw. die Beeinflussung des Skorbuts zu ermitteln. Er teilte 12 skorbutkranke Matrosen, deren Krankheitstadien vergleichbar waren, in 6 Gruppen zu je 2 Kranken ein. Verabfolgt wurden folgende Mittel: Apfelwein; eine Arznei aus Vitriol, Weinessig und Seewasser; ein Gemisch von Latwerge, Knoblauch und Perubalsam sowie Orangen und Zitronen. Nur bei den Kranken, die Orangen bzw. Zitronen erhielten, zeigte sich eine Heilung bzw. Besserung.

Voraussetzungen für die Arzneimittelprüfung am Menschen

Das große Verdienst Paul Martinis besteht darin, vorhandenes Wissen gesichert zu haben und mit den Erfahrungen des Arztes und Klinikers neue methodische Maßstäbe für die Arzneimittelprüfung zu setzen. Dazu gehörte, daß er die Methodenforschung der Statistik mit den anfallenden medizinischen Fragestellungen verband. Seine Beschreibung der neuen Verfahrensweise in der therapeutischen Forschung sind in ihrem Grundsatz nicht angefochten worden. Es gibt aber Diskussionen, die z. T. sehr kontrovers sind, über die einzelnen methodischen Modelle sowie deren Ansätze und die Durchführung bestimmter Verfahren. Es geht nicht nur um ein möglichst naturwissenschaftlich begründbares Vorgehen in der Forschung sondern auch darum, daß diese Arzneimittelprüfung am Menschen mit seiner Einsicht in die Prüfungsbedingungen und mit seiner Einwilligung durchgeführt werden muß. Beecher [1] hat 1966 zwei Grundsätze veröffentlicht, um Patienten vor unzulässigen Experimenten zu bewahren, indem er Auflagen für alle wissenschaftlichen Veröffentlichungen forderte:

1. Experimente am Menschen sollen nicht nur in ethisch zulässiger Form durchgeführt werden. Ihre Autoren müssen bei der Veröffentlichung außerdem unmißverständlich klarstellen, daß das auch geschehen ist.
2. Die Veröffentlichung der Ergebnisse unzulässiger Versuche am Menschen sollte von den medizinischen Fachzeitschriften abgelehnt werden. (Wer würde solche Versuche durchführen, wenn er keine Chance der Veröffentlichung hätte?)

Es wurde darüber hinaus auch die Forderung aufgestellt (Finzen [3]), daß niemand wissenschaftliche Versuche an kranken Menschen machen sollte, der sie zugleich ärztlich betreut. Damit sollte eine mehr oder minder zwangsläufig entstehende Konfliktsituation zwischen Arzt und Wissenschaftler vermieden werden. Daß diese Forderung nur theoretischer Natur sein kann, hängt mit dem Ausmaß klinischer Prüfungen zusammen, die heute für die Zulassung eines Arzneimittels notwendig sind. Der Einfluß von Wunschvorstellungen des Arztes oder Forschers und spezielle Erwartungen des Patienten auf die Versuchsergebnisse lassen sich durch klinisch-pharmakologische Methoden wie den einfachen oder auch doppelten Blindversuch im Rahmen kontrollierter Studien ausschalten.

1963 wurde die klinische Pharmakologie als spezielles Arbeitsgebiet in den USA eingeführt. Warum fanden die von Martini empfohlenen Grundsätze und Methoden in Deutschland erst später breitere und auch offizielle Beachtung? Hindernisse lagen und liegen immer noch in der unzureichenden Vertretung der klinischen Pharmakologie an den deutschen Universitäten und Kliniken. Grund ist wohl weniger ein mangelhaftes Verantwortungsgefühl der Ärzte und Wissenschaftler gegenüber ihrer Verpflichtung zur unmittelbaren therapeutischen Forschung, als die Problematik vorurteilsfreier interdisziplinärer Zusammenarbeit.

Als Voraussetzung für diese Forschung am Menschen sind bestimmte tierexperimentelle pharmakologische und toxikologische Versuche unabdingbar [7]. Diese werden auch in allen Staaten der Welt mehr oder minder verbindlich vorgeschrieben. Die nach § 40 des Arzneimittelgesetzes notwendige Hinterlegung pharmakologisch-experimenteller Untersuchungen vor der Erstanwendung eines Pharmakons am Menschen beim Bundesgesundheitsamt soll sicherstellen, daß mit vorgeschalteten experimentellen Methoden ein Höchstmaß an Sicherheit erreicht werden kann und auf der anderen Seite Hinweise vorliegen, daß das zu prüfende Pharmakon eine therapeutische Wirksamkeit hat. In einigen Staaten, wie USA und Großbritannien, ist der Beginn der Arzneimittelprüfung durch die zuständigen Behörden genehmigungspflichtig. Vor der Anwendung am Menschen sind jeweils im Kreise der verantwortlichen Wissenschaftler oder auch ggf. durch Anhören einer Ethikkommission Nutzen-Risiko-Abwägungen erforderlich, die schriftlich niedergelegt werden sollten. Die Bewertung des Risikos gegenüber dem Nutzen ist nur im Zusammenhang mit dem späteren Indikationsgebiet des neuen Pharmakons möglich. Man wird an ein Kopfschmerzmittel selbstverständlich höhere Anforderungen in bezug auf ein mögliches Risiko zu stellen haben, als an ein Pharmakon, das bei der Behandlung des Krebses entscheidende Vorteile zu erbringen verspricht.

Nach dem internationalen Stand unseres Wissens kann man heute sagen, daß die Stellung der klinischen Pharmakologie und damit der systematisierten Forschung am Menschen zur Ermittlung von Wirkung und Wirksamkeit eines Arzneimittels im wissenschaftlichen Bereich praktisch unangefochten ist. Probleme ergeben sich in bezug auf die Ermittlung der Wirkung und Wirksamkeit bei solchen Arzneimitteln, die von Therapierichtungen entwickelt wurden, die nicht dem Begriff der Schulmedizin zuzuordnen sind. Bei homöopathischen Präparaten lassen sich – von Ausnahmen abgesehen – mit der Methodik der klinischen Pharmakologie keine Wirkungen nachweisen. Das gleiche gilt auch für Pharmaka aus dem anthroposophischen Bereich sowie aus Teilgebieten der Phythotherapie. Ohne zu werten sind alle Fachvertreter dahingehend einig, daß ggf. andere Methoden entwickelt werden müssen, um den empirischen Erfahrungen über die Wirksamkeit von Präparaten aus dieser Gruppe gerecht zu werden.

An dieser Stelle sollen die Begriffe „Wirkung“ und „Wirksamkeit“ kurz definiert werden. Wir sprechen von „Wirkung“, wenn ein Wirkstoff, bzw. ein Pharmakon im Organismus durch Messungen objektivierbare pharmakodynamische Effekte auslöst. Dies gilt sowohl für den tierexperimentellen Bereich, in dem man immer bestrebt sein muß, eine „Wirkung“ nachzuweisen, als auch für den Menschen. Der Nachweis einer „Wirkung“ ist jedoch bei dem vielfältigen Krankheits- und Beschwerdespektrum des Menschen und den damit verbundenen psychischen Überlagerungen nicht immer einwandfrei zu erzielen. Wir sprechen daher am Menschen von einer „Wirkung“, wenn Messungen, wie z. B. des Blutdrucks, die Effektivität eines Pharmakons umschrieben beweisen. Wir sprechen dagegen von „Wirksamkeit“, wenn ein Präparat oder ein Wirkstoff bei einer bestimmten Erkrankung oder bei bestimmten Symptomen erfolgreich im Sinne einer Linderung oder Heilung der Beschwerden angewendet werden kann [8].

Eine kausale Therapie ist aufgrund unserer derzeitigen lückenhaften Erkenntnisse über die Pathogenese der Krankheiten nur in wenigen Indikationsgebieten möglich. Wirkung und Wirksamkeit sind auch bei einem in seiner Effektivität nachgewiesenen Arzneimittel nur selten in 100% der behandelten Fälle nachweisbar, wenn es sich nicht um eine begrenzte ausschließliche Substitutionstherapie handelt. Nur durch Gruppenuntersuchungen und Gruppenvergleiche kann man daher zu angemessenen, statistisch verbindlichen Aussagen kommen. Die komplexe Problematik des Wirksamkeitsbegriffes wird durch die Erfahrungen mit Placebos, also der Behandlung mit pharmakologisch gesehen unwirksamen Arzneimittelformen ohne Wirkstoffe, unterstrichen. Die Einbeziehung von Placebos in Forschungen am Menschen sollte als Vergleichspräparat auf solche Indikationen vornehmlich beschränkt bleiben, bei denen subjektive Befindensänderungen im Vordergrund der Beschwerden stehen. Eine weitere Ausnahme stellen methodische Notwendigkeiten dar (Auswaschperiode u. a.).

Vor der Erstanwendung einer Substanz müssen ausreichende experimentelle Untersuchungen hinsichtlich Wirkung und Sicherheit vorliegen. Tierexperimente lassen sich nur teilweise durch Computersimulation oder aber Untersuchungen an schmerzfreier Materie (z. B. Zellkulturen) einsparen. Solche speziellen Untersuchungen sind in erster Linie sinnvoll, wenn eine umschriebene spezifische Wirkung an einer Zellkultur oder einem isolierten Organ geprüft werden soll. In bezug auf alle Sicherheitsfragen läßt sich jedoch eine Untersuchung am Gesamtorganismus des Tieres nicht vermeiden, da ja die Wirkung eines Pharmakons nicht nur gezielt am Erfolgsorgan geprüft werden soll. Die Übertragung tierexperimenteller Befunde auf den Menschen ist nicht generell möglich, gibt aber dennoch gerade in bezug auf die Toxikologie ein hohes Ausmaß an Sicherheit. Manche wirkstoffbestimmten Organfunktionen, z. B. des Herzens und der Niere, lassen sich gut vom Säugetier auf den Menschen übertragen. Bei bestimmten Erkrankungen sind wir aber lediglich auf unspezifische tierexperimentelle Modelle angewiesen, da sie, wie z. B. der psychiatrische Krankheitsbereich, am Tier nicht nachweisbar sind [8].

Die 4 Phasen der klinischen Prüfung

In der klinischen Pharmakologie wird die Arzneimittelprüfung in *4 Phasen* eingeteilt. Selbstversuche eines Wissenschaftlers wie sie früher häufiger üblich waren und wie sie vor Jahren noch einmal Kienle [6] gefordert hat, kann man schon durch die Subjektivität der Aussage und damit zwangsläufig individuell auf die Person des Probanden zu beziehenden Ergebnisse nicht als Ersatz für Untersuchungen an gesunden Probanden durchführen. Das Verhalten des Arzneimittels im Organismus, die Resorption, Verstoffwechselung und die Elimination müssen daher in der *Phase I* an einer Gruppe gesunder Probanden geprüft werden (Pharmakokinetik und Metabolismus). Ausnahmen bestehen nur dann, wenn schon die einmalige Gabe eines Arzneimittels toxische Wirkungen haben kann. Dies gilt z. B. für Medikamente, die den Zellstoffwechsel des Krebskranken beeinflussen sollen, aber für den Gesunden schädlich sein könnten. In diesem Fall würde z. B. ein Krebspatient als Proband selbstverständlich nach Aufklärung und Einwilligung zu diesen Untersuchungen herangezogen.

In der *Phase II* der Prüfung wird das zu prüfende Arzneimittel in erster Linie an Fachkliniken in Abteilungen angewandt, die auf dem angestrebten Indikationsgebiet spezialisiert sind. Es können hier auch bereits Vergleiche zu anderen Präparaten oder zu sog. Standardpräparaten unter kontrollierten Bedingungen (Vergleichsstudien) gezogen werden.

In der *Phase III* findet dann das Prüfpräparat breitere Anwendung. Diese Phase ist die letzte Phase, bevor die Prüfungsunterlagen an die zuständigen Behörden für einen Antrag auf Zulassung eingereicht werden. In dieser Phase kann das Präparat auch außerhalb des klinischen Bereichs, z. B. in der Praxis geprüft werden, weil sich bei bestimmten Indikationen ein Effekt erst bei ambulant behandelten Patienten nachweisen läßt (z. B. bei orthostatischen Störungen) und der größte Teil der Arzneimittel in der Praxis des niedergelassenen Arztes verordnet wird.

Die *Prüfungsphasen I–III* sind vor der Zulassung eines Arzneimittels in der Bundesrepublik Deutschland fundamentaler Bestandteil der Prüfungsphase am Menschen. Verantwortlich für die Durchführung der Prüfung ist ein Prüfungsleiter, der nach § 40 des AMG ein Arzt mit 2jähriger Erfahrung auf dem Gebiet der klinischen Prüfung sein muß. Es bleibt diesem Prüfungsleiter als Arzt selbstverständlich unbenommen, sich in bezug auf die Prüfungsplanung auch mit einer Ethikkommission in Verbindung zu setzen. Wesentlich ist die Tatsache, daß Prüfungspläne i. allg. nicht von einer einzelnen Person, sondern von einem Team, das in erster Linie aus Medizinern und Biometrikern besteht, ausgearbeitet werden. Der Prüfungsplan muß in seinen Ansätzen so aufgebaut sein, daß eine biometrische Auswertung der Ergebnisse erfolgen kann. Bei Langzeitstudien werden häufig außer dem Prüfungsleiter begleitende wissenschaftlich-ethische Kontrollkomitees berufen.

Besonderen Wert muß auf die Prüfungsprotokolle gelegt werden. In diesen Prüfungsprotokollen sollte auf den verantwortlichen Prüfleiter hingewiesen werden, zumindest aber in einer entsprechenden Anlage über die Durchführung der Prüfung. Der Prüfungsleiter muß jederzeit erreichbar sein, um bei unvorhergesehenen Zwischenfällen einen Maßnahmeplan für verschiedene Prüfstellen zu koordinieren. In jedem Fall sollte aber in den Einzelprotokollen auch ein Hinweis auf die Aufklärung des Patienten erfolgen: Ist der Patient eingehend aufgeklärt worden? Hat er schriftlich seine Zustimmung zur Prüfung gegeben oder erfolgte die Aufklärung in Gegenwart eines Zeugen? Im letzteren Fall ist die Namensnennung des Zeugen erforderlich. Wenn keine Aufklärung erfolgte, muß dieser Tatbestand (AMG § 41) begründet werden (z. B. Schwersterkrankung mit Bewußtlosigkeit).

Die *Phase IV* der klinischen Prüfung bezieht sich auf alle Prüfungen im Zeitraum nach der Zulassung bzw. Registrierung eines Arzneimittels. Verschiedene Gründe können zu derartigen Untersuchungen Anlaß geben. Dies sind z. B. Fragen der Arzneimittelsicherheit, also der Beobachtung und Ermittlung der Inzidenz von unerwünschten Arzneimittelwirkungen, Fragen, die mit der Dosierung und Applikationsform eines Medikaments zusammenhängen, Vergleiche zu anderen medikamentös-therapeutischen Maßnahmen sowie ggf. auch die Erprobung einer neuen Indikation. Nach deutschem Recht fällt allerdings auch die Prüfung eines zugelassenen Präparates für einen neuen Indikationsbereich oder eine neue Applikationsform unter die Bedingungen, die in § 40 und § 41 AMG für Prüfpräparate vor der Zulassung vorgeschrieben sind [4, 9, 11].

In bezug auf die klinische Pharmakologie gibt es eine Reihe von Ausarbeitungen internationaler Organisationen über die Aufgaben und Organisation dieses Fachgebiets (WHO). Hinsichtlich des methodischen Vorgehens bei den Arzneimittelprüfungen gibt es Rahmenrichtlinien von seiten der EG aus dem Jahr 1975 und Richtlinien der Gesellschaft für medizinische Dokumentation und Statistik (GMDS) aus dem Jahr 1983 [5]. Aufgrund der Pluralität der Meinungsbildungen in der Bundesrepublik Deutschland stößt die Erarbeitung der im AMG nach § 26 vorgesehenen Prüfrichtlinien auf Schwierigkeiten. Darüber hinaus gibt es indikationsbezogene Richtlinien, z. B. in den USA, in Skandinavien, Großbritannien, aber auch in der EG, die sich speziell mit der Prüfung bestimmter Arzneimittelgruppen oder Indikationsbereiche befassen.

Die Frage nach einer von vornherein festzulegenden Zahl menschlicher Probanden für die Prüfung eines Arzneimittels kann nicht allgemeingültig beantwortet werden. Es ist verständlich, daß ein wesentlicher Unterschied vorliegt, ob die Applikation eines Arzneimittels einmalig erfolgt (z. B. Röntgenkontrastmittel) oder aber über Jahre, wie dies z. B. bei chronischen Erkrankungen (Bluthochdruck, Gelenkrheumatismus u. a.) der Fall ist. Zulassungsrichtlinien für eine verbindliche Probandenzahl gibt es daher nicht. Allgemein schwankt die Zahl etwa zwischen 300 und 3000 Probanden.

Vor jeder Phase der klinischen Prüfung muß für Applikation, Dosierung und Anwendungszeit bzw. Besonderheiten des Prüfplanes eine Nutzen-Risiko-Abwägung vorgenommen werden. In die Nutzen-Risiko-Abwägung der *Phase I,* die also vor der Prüfung des Medikaments beim gesunden Probanden aufgrund der vorliegenden tierexperimentellen Unterlagen stattfindet, werden auch die später ermittelten Ergebnisse am Menschen mit einbezogen. Das Risiko der klinischen Prüfung ist relativ gering, wenn man nach den international üblichen Maßstäben vorgeht. Selbstverständlich besteht grundsätzlich bei jeder Neuentwicklung ein Risiko, was auch zum Abbruch einer Prüfung führen kann. Für den Außenstehenden ist es erstaunlich, daß insbesondere in der *Phase I* der klinischen Prüfung, also derjenigen Phase, in der ein Pharmakon erstmalig am Menschen appliziert wird, dieses Risiko außerordentlich gering ist, weil hier eine sehr kontrollierte Anwendung über Kurzzeiträume besteht und außerdem auch für den Notfall immer Sorge getragen ist. In den weiteren Phasen hält sich das Spektrum der Nebenwirkungen etwa in dem Ausmaß der üblicherweise auch bei einer Standardtherapie auftretenden unerwünschten Wirkungen, wobei allerdings eine ständige Kontrolle auch hinsichtlich selten auftretender Nebenwirkungen unerläßlich ist. Gegebenenfalls muß die Prüfungsplanung geändert werden bzw. ein Abbruch der Studie erfolgen.

Erwähnt werden soll noch, daß selbstverständlich auch die Forderung nach kontrollierten Studien nicht sichere Ergebnisse garantiert. Die Anwendung kontrollierter Studien ist an sich noch kein Gütezeichen. Unabhängig davon, daß allzu spezifische Prüfansätze den Blick für den Patienten in seiner Gesamtheit trüben können, gibt es Probleme, die beispielsweise mit der Randomisierung (Zufallszuteilung) und der damit verbundenen Schematisierung der Krankheitsfälle, fehlerhafte Verfahrensweisen wegen falscher Einschätzung biometrischer Verfahren, Verletzung des Datenschutzes und falscher Auswahl von Prüfungskriterien zusammenhängen. Wichtig ist auch die Angemessenheit der klinischen Prüfung für die jeweilige Prüfungssituation, also die gegebenen Bedingungen. Bei kleinen Indikationsbereichen kann auch eine kasuistische Bewertung eindeutige Aussagen zulassen. Aufwendige Verfahren sind beim niedergelassenen Arzt, also am ambulanten Patienten meist nicht durchführbar. Die Mißachtung der realen Prüfungssituation führt zwangsläufig zu Fehlern.

Die Sorge um die Patienten, die Beobachtungen am Krankenbett führen beim Arzt zu einem selbständigen therapeutischen Denken und Entscheiden. Der Arzt ist gezwungen, im individuellen Krankheitsfall manchmal bei mangelnder Effektivität einer Lehrbuchtherapie oder aber auch bei besonderer Disposition des Patienten bzw. bei gleichzeitigem Vorliegen unterschiedlicher Erkrankungen individuell vorzugehen. Er kann daher im Einzelfall die Dosierung eines Medikamentes auch unabhängig von den üblichen Vorschriften verordnen oder zu einer nicht allgemein üblichen Kombination einzelner Wirkstoffe greifen. Deswegen wird auch in den RVO-Vorschriften von den „Regeln der ärztlichen Kunst" gesprochen. Therapie läßt sich - auch wenn wir sie unter den strengen Gesichtspunkten der rationalen Therapie sehen - nicht normieren und reglementieren. So stellt auch die Heilbehandlung im Grunde genommen ein Verfahren dar, in dem eigenes Überlegen und eigene Verantwortung eng integriert bleiben müssen.

Es erwächst dem Arzt die Aufgabe über den engeren Bereich der Prüfung hinaus, auch bei jahrelanger Anwendung bestimmter Arzneimittel, deren erwünschte und unerwünschte Wirkungen am Menschen ständig zu kontrollieren und damit im gewissen Sinne zu prüfen, auch wenn eine geplante Studie nicht stattfindet. Theoretisch ist es daher durchaus möglich, daß Spontanbeobachtungen unerwünschter Wirkungen, wie sie in den seltensten Fällen auftreten, erst in der Praxis zu Erkenntnissen führen, die u. U. eine neue Beurteilung des Arzneimittels notwendig machen. So ist es zu erklären, daß in seltenen Fällen erst nach einer Arzneimittelzulassung gravierende neue Momente erkannt werden, die Maßnahmen der zuständigen Landes- und Bundesbehörden auflösen, wie sie z. B. im Stufenplan festgelegt sind.

Neue Wege der Arzneimittelforschung

Die Arzneimittelforschung befindet sich in einem revolutionären Wandel, z. B. durch neue Entdeckungen auf dem Gebiet der Immunologie und den Einsatz der Biotechnologie. Sie bleibt notwendig, wird aber immer aufwendiger werden. Auf der anderen Seite darf man nicht verkennen, daß auch die Erwartung der Bevölkerung an die therapeutische Forschung sehr hoch ist. Die Gesundheit wird als höchstes Gut eingeschätzt, das allerdings - wenn man die WHO-Definition[1] zugrunde legt - nur in seltenen Fälle optimal erreicht werden kann. Sollten aus irgendwelchen Gründen Forschungen auf dem Arzneimittelsektor oder Prüfungen am Menschen eingeschränkt bzw. abgebrochen werden, bedeutet dies nicht etwa einen Still-

[1] Preamble to the WHO Constitution: „Health is a state of complete physical, mental and social well-beeing and not merely the absence of disease or infirmity" (1948).

stand. Ein „Zementieren" der Therapie auf den heutigen Stand führt vielmehr zu einem Rückschritt. Dennoch hat keine Generation das Recht, die Entwicklung und das Leben der nächsten Generation gravierend zu beeinflussen. Dies würde aber beengende Eingriffe in die Arzneimittelforschung bedeuten. Wenn man den ständigen Wandel des Krankheitsgeschehens und den Wandel der einzelnen Krankheitsbilder vor Augen hat, und wenn man andererseits die steten Anpassungen der Krankheitserreger an die therapeutischen Fortschritte der letzten Jahrzehnte bedenkt, läßt sich diese Aussage begründen. Die neue Ausbreitung der Malaria, die in der dritten Welt durch medikamentöse, prophylaktische und therapeutische Maßnahmen bereits begrenzt war, gibt für die zunehmende Resistenz von Infektionserregern aber auch für die Vernachlässigung wesentlicher prophylaktischer Maßnahmen ein instruktives Beispiel.

Literatur

1. Beecher HK (1966) Ethics and clinical research N Engl J Med 1354–1360
2. Bundesverband der Pharmazeutischen Industrie (Hrsg) (1985) pharma eg-recht Richtlinie des Rates vom 20.05.1975 zur Angleichung der Rechts- und Verwaltungsvorschriften der Mitgliedsstaaten über die analytischen, toxikologisch-pharmakologischen und ärztlichen oder klinischen Vorschriften und Nachweise über Versuche mit Arzneispezialitäten, geändert durch die Richtlinie des Rates 83/570/EWG vom 26.10. 1983 (75/318/EWG). Bundesverband der Pharmazeutischen Industrie, Frankfurt
3. Finzen A (1969) Arzt, Patient und Gesellschaft Medizin in Geschichte und Kultur, Bd 10. Fischer, Stuttgart
4. Hasskarl H, Kleinsorge H (1979) Arzneimittelprüfung – Arzneimittelrecht. Fischer, Stuttgart
5. Jesdinsky HJ (Hrsg) (1983) Arzneimittelprüfrichtlinien Klinische Prüfung, Heft 6. Schattauer, Stuttgart
6. Kienle G (1974) Arzneimittelsicherheit und Gesellschaft. Schattauer, Stuttgart
7. Kleinsorge H (1976) Erstanwendung von Pharmaka am Menschen. Vorbedingung und Problematik. Med Klin 71: 1093–1108
8. Kleinsorge H (1984) Wirkung, Wirksamkeit und therapeutischer Nutzen von Arzneimitteln. Med Monatsschr Pharm 5: 129–130
9. Kleinsorge H (1984) Feldprüfungen? MMW 12: 323–343
10. Martini P (1968) Methodenlehre der therapeutisch-klinischen Forschung. Springer, Berlin Heidelberg New York
11. Timmler R (1984) Zur klinischen Prüfung der Phase IV. Pharm Ind 46/1: 17–24
12. Wittmaack T (1857) Beiträge zur rationellen Therapie. Hirschwaldt, Berlin
13. Wunderlich CA (1846) Die rationelle Therapie. Arch Physiol Heilkd 5: 1–16

Spezielle Prüfungsprobleme der Forschung am Menschen (einschl. Doppelblindversuch) aus medizinischer Sicht

U. Gundert-Remy

Bei Prüfungen am Menschen ergeben sich vielfältige medizinische Fragen, von denen lediglich einige Aspekte angesprochen werden können. Eine vollständige, erschöpfende Darstellung unter Einschluß des Aufzeigens von Lösungsmöglichkeiten ist in diesem Rahmen nicht möglich. Im wesentlichen beziehen sich die Aussagen zu Problemen, die in Phase III der klinischen Prüfung zu bedenken sind, jedoch gelten sie auch für Studien der Phasen I und II.

Prüfziel

Der Zweck einer klinischen Prüfung wird sein, gezielte Fragen der Wirksamkeit zu untersuchen und gleichzeitig die Unbedenklichkeit des potentiellen Arzneimittels bei einer bestimmten Indikation nachzuweisen.

Um dieses Prüfziel zu operationalisieren, ist es notwendig, sog. Prüfparameter zu definieren. Die Schwierigkeit, das Prüfziel erreichen zu können, liegt darin, daß ein Krankheitsbild (die Indikation) sich mit Prüfparametern nicht vollständig beschreiben läßt. In anderen Fällen ist das therapeutische Endziel in einer naturgemäß zeitlich begrenzten Prüfung nicht prüfbar. Lassen Sie mich dies an Beispielen erläutern: Die Behandlung des Bluthochdrucks erfolgt mit dem therapeutischen Endziel der Verhinderung von Komplikationen eines lange bestehenden zu hohen Blutdrucks wie Herzinfarkt, Schlaganfall. Diese Komplikationen treten jedoch erst nach Jahren bis Jahrzehnten des Bestehens der Grundkrankheit auf. Prüfparameter einer Prüfung mit einem Hochdruckmittel wird daher lediglich die Senkung eines zu hohen Blutdrucks sein können. Es wird extrapoliert, daß ein Mittel, welches in der Lage ist, den Blutdruck zu senken, auch in der Lage ist, die Folgeerscheinungen des zu hohen Blutdrucks zu verhindern. Da es in der medizinischen Wissenschaft als unbestritten gilt, daß unbehandelter Bluthochdruck die genannten ungünstigen Folgen in der Mehrzahl der Patienten nach sich zieht, erscheint die Schlußfolgerung plausibel.

Im Falle von Arzneimitteln, die den Cholesterinspiegel senken, erscheint die Sachlage komplizierter: Bis vor kurzem war lediglich durch epidemiologische Studien ein Zusammenhang zwischen erhöhtem Blutcholesterin und dem erhöhten Auftreten von Herzinfarkten wahrscheinlich gemacht worden. Erst eine umfängliche, jahrelange und kostenintensive Studie konnte zeigen, daß die Einnahme eines den Cholesterinspiegel senkenden Arzneimittels in der Gruppe der Behandelten die Häufigkeit von Myokardinfarkten gegenüber der Kontrollgruppe, die mit Placebo behandelt wurde, senkte.

Hierbei zeigt sich jedoch ein weiteres Problem: Die Häufigkeit des Auftretens des Ereignisses Myokardinfarkt war in beiden Gruppen nicht ausgeprägt, so daß die Ergebnisse der Studie - sozusagen gegen den Strich gelesen - auch folgendermaßen interpretiert werden können: Um bei einem Patienten in der Gruppe der Behandelten einen Myokardinfarkt zu präventieren, mußten mehrere Tausend Patienten mit dem Mittel behandelt werden, ohne davon einen Gewinn zu haben. In diesem Falle dient die Studie dazu, um aus Ergebnissen mit Präparaten, bei denen lediglich der Effekt auf das Cholesterin nachgewiesen wurde, das therapeutische Endziel zu extrapolieren.

Prüfparameter

Anzahl. Da das Ziel einer klinischen Prüfung nicht nur das des Nachweises der Wirksamkeit, sondern auch der Unbedenklichkeit ist, wird es notwendig sein, mehrere Prüfparameter zu definieren. Dies kollidiert mit dem Gebot der Biometrie, möglichst wenig Parameter einer Prüfung zu unterziehen. Läßt sich oft schon ein Krankheitsbild nicht auf einen einzigen Prüfparameter reduzieren, so erscheint es unmöglich, die Unbedenklichkeit lediglich anhand weniger Parameter nachzuweisen. Andererseits erscheint es ethisch nicht vertretbar, eine Gruppe von Patienten mit einem Mittel zu belasten, dessen Risiken noch nicht ausgelotet sind, ohne entsprechende Kontrollen durchzuführen.

Auswahl der Prüfparameter. Schwierigkeiten bei der Auswahl der Prüfparameter ergeben sich aus der Möglichkeit, Aussagen zur Wirkung mit unterschiedlicher Methodik zu erreichen. Bei der Wahl zwischen zwei verschiedenen Methoden ist jedoch zu berücksichtigen, einerseits wie invasiv die Methode ist und andererseits mit welcher Sicherheit Aussagen gemacht werden können.

Lassen Sie mich dies an einem Beispiel erläutern: Zum Nachweis einer positiv inotropen (herzkraftstärkenden) Wirkung kann die Impedanzkardiographie herangezogen werden, eine Meßmethode, die keinen Eingriff erforderlich macht, die mehrfach angewendet werden kann, jedoch den Nachteil aufweist, daß die Ergebnisse nicht immer ohne Schwierigkeiten beurteilt werden können. Demgegenüber hat die andere verfügbare Methode, die Messung der maximalen Druckanstiegsgeschwindigkeit, den Vorteil klarer Ergebnisse, jedoch den Nachteil, daß für die Durchführung der Messung eine Linksherzkatheterisierung notwendig ist und die Messungen nicht repetitiv über längere Zeit durchgeführt werden können.

Auswahl der Patienten

Bei der Entwicklung eines Arzneimittel nimmt die Diskussion über die Relevanz von Untersuchungsergebnissen für die Aussage, daß ein Präparat in bestimmten Anwendungsgebieten wirksam sei, breiten Raum ein. Es wird nicht bezweifelt, daß Ergebnisse aus tierexperimentellen Untersuchungen lediglich Darstellungen von Wirkungen sein können, die Modellcharakter haben. Wenig diskutiert wird auch eine gleichlaufende Interpretation humanpharmakologischer Studienergebnissen aus Phase I sowie die ersten orientierenden Untersuchungen in Phase II. In Phase-III-Studien besteht nun die Schwierigkeit, einerseits mit möglichst hoher Wahrscheinlichkeit die Wirkung/Wirksamkeit eines Präparates nachweisen zu können. Dies bedingt eine enge Selektion von Patienten mit möglichst strengen Ein- und Ausschlußkriterien. Als Konsequenz dessen wird allerdings der Charakter der Studie als der eines Modells stärker in den Vordergrund treten mit der Frage der Verallgemeinerung der erhobenen Befunde über das untersuchte Patientenkollektiv hinaus. Andererseits, um verallgemeinern zu können, könnte erwünscht sein, nicht zu strenge Aus- und Einschlußkriterien zu wählen, was wiederum den Nachweis einer möglichen Wirksamkeit erschweren kann.

Auswahl des Prüfdesign

Unter Vernachlässigung biometrischer Aspekte ergeben sich aus medizinischer Sicht einige Überlegungen, die den Fragenkomplex: doppelblind, einfachblind, offen betreffen. Im Prinzip gelten Studien mit doppelblinder Anordnung vom methodologischen Gesichtspunkt aus als aussagekräftigste Belege für die Wirksamkeit. Je nach Indikation erscheint es jedoch ärztlich nicht vertretbar, über die Art der Medikation nicht informiert zu sein. Bei einigen Arzneimitteln sind pharmakologische Wirkungen so ausgeprägt, daß der untersuchende Arzt aus den erhobenen Befunden ablesen kann, welcher Patient welches Präparat erhält. Somit ist in diesen Fällen die Doppelblindsituation aufgehoben. Sowohl bei der doppelblinden wie bei der einfachblinden Anordnung muß der Patient über mögliche erwünschte und unerwünschte Wirkungen aufgeklärt werden, was die Ergebnisse insofern beeinflussen kann, insbesondere diejenigen bezüglich unerwünschter

Wirkungen, als eine Vorinformation vorhanden ist, die einen Bias (systematische Abweichung) verursacht.

Auswahl der Vergleichsmedikation

Studien zur Wirksamkeit und Unbedenklichkeit von Arzneimitteln sind vergleichende Studien, d. h. Studien, in denen das interessierende Arzneimittel gegen ein anderes Behandlungsverfahren geprüft wird. In Ausnahmefällen kann auch ein Vergleich vor und nach Gabe des Arzneimittels zu einer Aussage über die Wirksamkeit herangezogen werden. In der Regel wird man sich jedoch damit auseinandersetzen müssen, gegen welche Vergleichsbehandlung hier ein Medikament zu prüfen ist. Ist eine wirksame Therapie bekannt, kann aus ethischen Gründen eine placebokontrollierte Studie nicht durchgeführt werden. Die Auswahl des Vergleichspräparates wird dann schwierig, wenn für das Indikationsgebiet Mittel zur Verfügung stehen, die nicht völlig in ihrer Wirksamkeit identisch sind mit dem zu prüfenden Mittel (Unterschiede in der Stärke, der Wirkung, Dauer, Wirkqualität); dies ist oft der Fall.

Auch hier wiederum zur Verdeutlichung ein Beispiel:

Bei der Prüfung eines Schmerzmittels mit einer tatsächlichen Wirkintensität zwischen Azetylsalizylsäure und Opiaten kann das Vergleichspräparat Azetylsalizylsäure sein oder auch ein Opiat. Da von der Art der vom Patienten zu erfahrenden Information über Wirkstärke und Dauer von einer hohen Variabilität ausgegangen werden muß, wird es kaum möglich sein, einen Unterschied zur Vergleichmedikation zu finden. Bei Auswahl des zu „niedrigen" Vergleichspräparates Azetylsalizylsäure wird das Prüfpräparat als Wirkung gleich mit Azetylsalizylsäure eingestuft werden. Umgekehrt wird bei Auswahl eines Opiats das Prüfpräparat eine fälschlich zu „hohe" Wirkung zugesprochen erhalten. In diesem Falle wäre es also notwendig, sowohl gegen Azetylsalizylsäure als auch gegen ein Opiat zu prüfen, um das Prüfpräparat korrekt einschätzen zu können.

Unerwünschte Wirkungen

Zur Beurteilung der Unbedenklichkeit eines Arzneimittels ist es notwendig, Daten über unerwünschte Wirkungen zu erheben. Ein Teil der Probleme, die bei der Erhebung von erwünschten Wirkungen angesprochen wurden, sind auch hierbei zu bedenken. Jedoch ist bei der Bewertung der Ergebnisse aus Prüfungen, bei der gezielt unerwünschte Wirkungen erfaßt wurden, ein besonderer Aspekt zu berücksichtigen. Während bei erwünschten Wirkungen davon ausgegangen wird, daß sie als Regelfall auftreten, können unerwünschte Wirkungen in unterschiedlicher Häufigkeit beobachtet werden. Tritt bei 3 von 100 Behandelten eine schwerwiegende unerwünschte Wirkung auf, wird dies als Eigenschaft des Präparates vermerkt. Wie würde man aber die Wirksamkeit eines Präparates einstufen, wenn diese sich bei ebenfalls 3 von 100 Behandelten nachweisen ließe?

Wie bereits einleitend als Einschränkung deutlich gemacht, konnten in diesem Rahmen lediglich einige Fragen angerissen werden. Im Einzelfall müssen und können für die angesprochenen Probleme plausible Lösungen gefunden werden, was jedoch die prinzipielle Schwierigkeit nicht aus dem Wege räumt.

Spezielle Prüfungsprobleme der Forschung am Menschen (einschl. Doppelblindversuch) - Biometrische Fragen

L. Horbach

Bei der Entwicklung eines neuen Arzneimittels treten in den verschiedenen Phasen Entscheidungssituationen auf, die in mehr oder weniger gravierender Art und Weise mit Ungewißheiten und Risiken verbunden sind. Selbst wenn alle Möglichkeiten der pharmakologischen und der toxikologischen Grundlagenforschung - chemisch reine Darstellung des Wirkstoffs, Prüfung pharmakologischer Effekte an Organpräparaten und im Tierversuch, Abklärung des Wirkungsmechanismus, Toxizitätsprüfung einschl. der Prüfung von Kanzerogenität und Teratogenität, Stoffwechsel, Pharmakokinetik beim Tier usw. - abgeklärt sind, so ist eine sichere Voraussage über die Verträglichkeit und die Wirksamkeit am kranken Menschen i. allg. nicht möglich.

In der Phase I, der ersten Anwendung des Mittels am Menschen, muß man grundsätzlich mit unerwarteten Effekten rechnen. Ebenso können in Phase II, bei der ersten tastenden Anwendung bei Patienten mit der betreffenden Indikation, um in der Art eines Screening zu untersuchen, ob sich günstige Arzneimitteleffekte nachweisen lassen und eine ausreichende Sicherheit gegeben ist, unerwartete Effekte zeigen.

Aus der Sicht des Biometrikers möchte ich Prüfungsprobleme und kritische Entscheidungen in der Phase III der klinischen Erprobung eines Arzneimittels behandeln und meine Ausführungen auf zwei Verfahren beschränken, die durch die Erfordernisse der statistischen Methodik begründet sind, nämlich Zufallszuteilung (Randomisierung) und Doppelblindversuch.

In Phase III der Erprobung soll durch einen breit angelegten, vergleichenden klinischen Heilversuch die Wirksamkeit eines Mittels, d. h. die günstige Beeinflussung des Krankheitsverlaufs durch das Mittel, möglichst objektiv nachgewiesen werden, unerwünschte Effekte sollen entdeckt werden. Derartige klinische Prüfungen würden sich erübrigen, wenn man aufgrund des pharmakologischen und toxikologischen Basiswissens voll auf die Wirkung und Sicherheit eines Pharmakons beim kranken Menschen schließen könnte. Zwischen den Effekten eines Pharmakons im Organismus an mehr oder weniger gut bekannten Angriffspunkten einerseits und den beobachtbaren klinischen Krankheitserscheinungen andererseits, auch wenn diese mit großer Reliabilität gemessen werden können, liegt ein weiter, unkontrollierbarer und oft unbekannter Bereich. Eine Reihe modifizierender Faktoren und Regelmechanismen sind zwischen den pharmakologischen Effekt und die Ebene des klinischen Erscheinungsbildes und Verlaufs geschaltet, die man nicht deterministisch im Sinne von Ursache und Wirkung darstellen kann, umso mehr als die Kenntnisse darüber meist lükkenhaft sind. Der große Spielraum unkontrollierter Einflußfaktoren, der Spielraum des Zufalls, läßt beim einzelnen Patienten keine sichere Aussage über das post hoc oder propter hoc eines Behandlungsausgangs zu [8, 13].

Die Vergleichsplanung in der klinischen Forschung

Wie kann man in dieser Situation zu einer wissenschaftlich begründeten, objektiven Beurteilung der Wirksamkeit kommen? Die wissenschaftliche Methodik in diesem Bereich der klinischen Pharmakologie ist die der Statistik als dem Teil der Biometrie, der die Analyse von Sachverhalten mit Zufallskomponenten ermöglicht. Wenn nach Helmholtz jegliche naturwissenschaftliche Untersuchung Messen bedeutet, so sind hier die statistischen Methoden des komparativen Messens, d.h. des statistischen Vergleichs anzuwenden [1].

Es wäre völlig falsch, an dieser Stelle die pharmakologischen und toxikologischen Forschungsergebnisse über ein neues Arzneimittel außer Acht zu lassen. Bereits für das erste Problem der Vergleichsplanung, der Wahl einer angemessenen Vergleichsbehandlung, sind sie von grundlegender Bedeutung. Hierzu können keine starren Regeln angegeben werden. Von Fall zu Fall ist zu entscheiden, ob eine bewährte Standardtherapie, ein neues Konkurrenzpräparat oder ein Placebo zum Vergleich in Frage kommen. Alle Kenntnisse über Wirkungsmechanismus, Angriffspunkte im Organismus, auch Dosierungsrichtlinien von zu vergleichenden Medikamenten sollten überprüft werden unter dem Gesichtspunkt, ob es sich um Pharmaka mit einer vergleichbaren Indikation handelt.

Ein Hauptproblem für die Verleichsplanung des Statistikers ist es, zwei therapeutische Reihen von Patienten von genügend großem Umfang so zu erhalten, daß sie Patienten umfassen, die einmal der gegebenen definierten Behandlungsindikation entsprechen und durch einen Ausschlußkatalog randscharf abgegrenzt sind, und die sich hinsichtlich der Ausprägung der Erkrankungen, insbesondere der prognostisch relevanten Faktoren bis auf Zufallsabweichungen entsprechen. Das einzige Verfahren, das zu einer derartigen Strukturgleichheit führt, ist das der Randomisierung. Sie verleiht vergleichenden klinischen Heilversuchen experimentellen Charakter.

Die Frage wird immer wieder aufgeworfen, ob grundsätzlich ein derartiges experimentelles Vorgehen in der Patientenbehandlung berechtigt ist bis hin zur Formulierung eines Strafrechtlers, es handle sich um strafbare Versuchsmethoden [2, 3, 4, 9]. Die Einwände gehen alle von der Voraussetzung aus, daß ein Untersuchungsleiter bewußt den vom Gesetzgeber fixierten Behandlungsauftrag, jeweils „die beste Behandlung" durchzuführen, verletzt, indem er z. B. die Vorzüge eines neuen Mittels vorenthält. Meine vorausgehenden Erörterungen sollten zeigen, daß eine Voraussage über das Ergebnis des kontrollierten Heilversuchs in der Regel nicht möglich ist. Hier erfordert der Ernst der bis dahin unbeantworteten Frage, welches die bessere Behandlung ist, eine gewissenhafte, strengen wissenschaftlichen Kriterien genügende Untersuchung der therapeutischen Hypothese. Dabei ist eine schablonenhafte Befolgung der methodischen Prinzipien des kontrollierten Versuchs abzulehnen. Selbstverständlich muß unter Verwertung aller Vorinformationen geprüft werden, ob nach dem derzeitigen Wissenstand den zu vergleichenden Behandlungen die gleiche Wertigkeit beizumessen ist. Scadding [12] weist in diesem Zusammenhang auf die Bedeutung des Zeitpunktes hin, zu dem geplante therapeutische Untersuchungen zu erfolgen haben, nämlich bevor sich schlecht begründete Vorurteile über eine Behandlung bilden können.

Der Arzt muß guten Gewissens bei der Einwilligung des Patienten, an einem geplanten „controlled clinical trial" teilzunehmen, sagen können, daß er nicht weiß, welches die bessere Behandlung ist. Es unterliegt keinem Zweifel, daß vom Therapeuten, bei dem i. allg. eine optimistische Denkart angemessen ist, hier in vielen Fällen ein hoher Grad an selbstkritischer Einschätzung des eigenen Nichtwissens verlangt wird, die ein hohes Vorbild in der Aussage eines bekannten großen griechischen Philosophen hat. Es wird deutlich, daß die kritische Einsicht dessen, was man nicht weiß, eine wesentliche Komponente der wissenschaftlichen Erkenntnisgewinnung in der Medizin darstellt.

Randomisierung

Beurteilungen neuer operativer Verfahren, die vom Untersucher selbst entwickelt wurden, eignen sich nach meinen Erfahrungen nicht zur Bildung randomisierter Vergleichsreihen. Dennoch kommt der Dokumentation des postoperativen Verlaufs, auch über die stationäre Phase hinaus, z. B. über Jahre nach Krebsoperationen, ein hoher Stellenwert zu. Es gibt Ansätze für Verlaufsanalysen, die wichtige Informationen im Sinne eines „feed back" für den Operateur zur Verbesserung der operativen Verfahren erbringen.

Welche Vorteile für eine schlüssige Aussage bietet die Methode der Zufallszuteilung, der Randomisierung?

1. Es werden die Vergleichsbedingungen für das objektive komparative Messen geschaffen, d. h. Vergleichsbehandlungen werden unter gleichen

Ausgangsbedingungen, gleichen Verteilungen der prognostischen Faktoren durchgeführt.
2. Die Zufallszuteilung ist grundsätzliche Voraussetzung für die Anwendung wahrscheinlichkeitstheoretischer Hypothesenprüfungen bzw. statistischer Tests bei der Auswertung, d.h. quantifizierter Wahrscheinlichkeitsaussagen über das erzielte Ergebnis. Eine klare Entscheidung über die im Durchschnitt bessere Therapie ist möglich.
3. Die Zufallszuteilung ermöglicht die verschiedenen Spielarten der Kaschierung der beim einzelnen Patienten durchgeführten Therapie, den einfachen oder doppelten Blindversuch.

Wenn der Patient den in der Planung festgelegten Kriterien der Aufnahme in die Studie genügt und er – nach angemessener Information über die Teilnahme an einer kontrollierten Therapiestudie – seine schriftliche Einwilligung (informed consent) gegeben hat, erst dann kann die Zufallszuteilung zu einer der Vergleichsbehandlungen erfolgen. Man bereitet sie vor, indem man in verschlossenen Briefumschlägen, die in der Reihenfolge der natürlichen Zahlen außen gekennzeichnet sind, die der Reihenfolge der in die Studie einzubeziehenden Patienten entsprechen, die randomisierte Anweisung, welche der Vergleichsbehandlungen zu befolgen ist, festlegt.

Es gibt eine Reihe von Modifikationen dieser Technik der Randomisierung. Durchaus legitim ist das Bemühen, bei sehr heterogener Ausprägung des Krankheitsbildes bei den einzelnen Patienten eine geschichtete Zufallszuteilung unter Berücksichtigung der Ausprägungsstufen der prognostisch relevanten Faktoren vorzunehmen. Man erreicht damit – bei gleicher Fallzahl – eine exaktere Schätzung der Behandlungseffekte und damit eine größere Trennschärfe des statistischen Tests. Meist wird das Verfahren noch dadurch ergänzt, daß man eine Gleichbesetzung der entsprechenden Schichten in beiden Vergleichsreihen bei der Randomisierung zu erreichen versucht. Eine derart elaborierte Zufallszuteilung ist dann in Erwägung zu ziehen, wenn der Behandlungsbeginn nicht sehr zeitkritisch ist, z.B. bei chronischen Erkrankungen, und die Zufallszuteilung an einer zentralen Stelle vom Statistiker vorgenommen werden kann. Man kann dabei bis zu 30% an Fällen bei gleicher Aussagekraft des therapeutischen Vergleichs einsparen [6, 7, 11].

Zelen [14] hat die Frage der Einwilligung eines Patienten für die Vergleichssituation in Betracht gezogen, daß ein neues Mittel N gegen ein bewährtes Standardmedikament S getestet wird. Bei einfacher Zufallszuteilung wird 50% der in die Studie einbezogenen Patienten S ohne Einholung einer Einwilligung nach Randomisierung gegeben, die zweite Hälfte wird nach Randomisierung gefragt, ob N im Sinne der Versuchsanordnung akzeptiert wird. Wenn keine Einwilligung dazu gegen wird, erhalten die Patienten S. Wenn der Anteil der Einwilligungen zu gering wird, kann eine solche Studie zu keinem brauchbaren Ergebnis führen. Die Verfahren bei klinischen Studien sollten einfach und kontrollierbar sein.

Die Erfahrung aus zahlreichen Studien lehrt, daß bei Untersuchungsumfängen, die in der Planung als angemessen abgeschätzt wurden, erst eine eingehende statistische Analyse Unterschiede zwischen den Vergleichsreihen aufzeigt oder erst der Vergleich der Häufigkeiten der nicht erwünschten Wirkungen im Sinne einer Nutzen-Risiko-Abwägung zeigt, welchem Medikament der Vorzug zu geben ist. Eine sekundäre explorative Analyse kann Anhaltspunkte dafür geben, daß beide Medikamente bei definierten Ausgangssituationen ihre jeweilige Differentialindikation haben.

Geht es um gravierende Wirksamkeitsunterschiede (Letalität) oder Nebenwirkungen, so habe ich vorgeschlagen, daß bestimmte Leitvariablen mit dem Gang der Untersuchungen im Sinne eines sequentiellen Tests fortlaufend geprüft werden, um zum frühesten Zeitpunkt gravierende Unterschiede zu erkennen und die Studie begründet abzubrechen.

Doppelblindversuch

Mit der Randomisierung operationell verknüpft ist die zweite kritische Prozedur bei kontrollierten klinisch-therapeutischen Versuchen, nämlich dem Patienten zu kaschieren, welches Mittel er erhält - einfacher Blindversuch - oder auch noch den behandelnden Arzt darüber im Unklaren zu lassen, welches der Vergleichsmedikamente bei einem bestimmten Patienten gegeben wird - Doppelblindversuch.

Es leuchtet durchaus ein, daß hier ein hohes Maß an Verständnisbereitschaft und auch an Verständnis gefordert wird, um bei einer entsprechenden Problemlage des therapeutischen Versuchs diese Forderung zu erfüllen. Der Altmeister der klinischen Statistik in England, Sir Bradford Hill, artikuliert die Erkenntnissituation in folgender Weise mit fast provozierender Akzentuierung: „Whereas I was blind, now I see“ [5]. Weshalb ist die Kaschierung der tatsächlich angewendeten Therapie beim einzelnen Patienten, für dessen Wahl ja der Arzt verantwortlich ist, notwendig?

Während die Randomisierung zum Ziele hat, Strukturgleichheit und damit statistische Vergleichbarkeit zwischen den Bahandlungsreihen zu erzielen, ist die Doppelblindanlage einer Untersuchung dazu da, die Beobachtungsgleichheit bei beiden Reihen zu gewährleisten, und zwar dann, wenn man auf subjektive Angaben des Patienten oder subjektive Beurteilungen des Arztes angewiesen ist.

Aufgrund subjektiver Beurteilung erhaltene Befunde spielen in der Medizin eine große Rolle und sind oft auch bei der therapeutischen Erfolgsbeurteilung relevante Kriterien, z. B. klinische Beurteilungen von bildgebenden Verfahren, von Schmerzzuständen, Bewegungseinschränkungen, usw.

Ohne daß der sorgfältige Untersucher das bewußt will, kann die Kenntnis der beim einzelnen Patienten angewandten Therapie das Urteil beeinflussen und so zu einer - statistisch gesehen - systematischen Abweichung (Bias) führen; der abschließende Test kann dann signifikante Unterschiede zum Ergebnis haben, die nicht auf die eingeschlagene Therapie zurückzuführen sind.

In der Praxis zeigt es sich oft, daß eine derartige Kaschierung der Vergleichstherapie nicht möglich ist, z. B. bei physikalischen Behandlungsverfahren (Balneotherapie). Martini [10] hat sich in seinen Stellungnahmen zur Doppelblindstudie sehr differenziert geäußert. Es hat vor einer allgemeinen Anwendung gewarnt und gefordert, daß bei jeder Studie darüber zu entscheiden sei, ob es genügt, daß nur der Patient im Unklaren gelassen wird, damit seine Beschwerdeangaben nicht beeinflußt werden (einfacher Blindversuch), oder auch der Arzt (doppelter Blindversuch). In jedem Falle sollte beim Doppelblindversuch an einer Stelle mit rascher Zugriffsmöglichkeit die Kodierung hinterlegt sein, um bei Zwischenfällen zu dekodieren.

Der Doppelblindversuch hat da, wo er möglich und angemessen ist, den Vorteil, daß die Randomisierung mit größerer Konsequenz gewährleistet ist. Es ist manchmal erstaunlich, in welchem Ausmaß in Doppelblindstudien bei Placebobehandlungen unerwünschte Nebenwirkungen dokumentiert werden.

Fazit

Ich konnte im gegebenen Zeitrahmen nur ausschnittsweise über Probleme bei kontrollierten therapeutischen Versuchen berichten, die sowohl den Statistiker wie den Juristen angehen und die von Studie zu Studie gemeinsam gelöst werden müssen. Ich warne vor starren allgemeinen Forderungen von seiten des Methodikers; sie können sehr leicht zu gefährlichen Schablonen werden. Man muß sich darüber im Klaren sein, daß „controlled clinical trials" ein hochkompliziertes Forschungsinstrument darstellen und bei guter Kooperation aller Beteiligten, auch derer, die für Recht und Ethik besondere Entscheidungsfunktionen übernommen haben, zu schlüssigen und wertvollen Ergebnissen zum Wohle unserer Patienten führen können.

Literatur

1. Armitage P (1982) The role of randomization in clinical trials. Stat Med 1: 345-352
2. Fincke M (1977) Arzneimittelprüfung. Strafbare Versuchsmethoden. Juristischer Verlag, Heidelberg Karlsruhe
3. Gross R (1973) Notwendigkeit und Zulässigkeit der kontrollierten klinischen Prüfung. Dtsch Ärztebl - Ärztl Mitteil 76: 1091-1100

4. Hasskarl H (1978) Rechtliche Zulässigkeit der klinischen Prüfung. Dtsch Ärztebl 18: 1087-1094 vom 4. Mai 1978
5. Hill Bradford A (1952) The clinical trial. 247: 113-119
6. Horbach L (1967) Die Steigerung des Aussagewertes therapeutischer Vergleichsreihen durch strukturelle Schichtung. Habilitationsschrift, Mainz
7. Horbach L (1968) Computersimulation zur Prüfung von Zuteilungsplänen für therapeutische Vergleiche. Berl Ärztekammer 5: 334-337
8. Horbach L (1973) Statistische Planungsprinzipien in der medizinischen Forschung. Antrittsvorlesung, 8.12. 1973, Erlangen
9. Koller S (1977) Angriff auf den Fortschritt der Medizin. Behauptung der Strafbarkeit kontrollierter klinischer Therapieversuche. Fortschr Med 95: 2570-2574
10. Martini P (1957) Die unwissenschaftliche Versuchsanordnung und der sogenannte doppelte Blindversuch. Dtsch Med Wochenschr 82: 597-602
11. Pocock SJ (1979) Allocation of patients to treatment in clinical trials. Biometrics 35: 183-197
12. Scadding JG (1962) The planning of trials of new drugs in pulmonary tuberculosis. Methodes Inf Med 1: 130-132
13. Wunderlich CA (1851) Ein Plan zur festeren Begründung der therapeutischen Erfahrungen. Antrittsvorl. gehalten zu Leipzig, 12.3. 1851, Schmidts Jahrb der gesamten in- und ausländ Medizin 70: 106-111
14. Zelen M (1979) A new design for randomized clinical trials. Engl J Med 300: 1242-1245

Spezielle Prüfungsprobleme der Forschung am Menschen (einschl. Doppelblindversuch) aus juristischer Sicht

H. Hasskarl

Grundsätzliches

Ziel aller rechtlichen Überlegungen im Zusammenhang mit der Forschung am Menschen muß es sein, den Schutz des Prüfungsteilnehmers, sei er Patient, sei er Proband, zu gewährleisten. Dies folgt aus Art. 2 Abs. 2 Grundgesetz, der das Recht auf Leben und körperliche Unversehrtheit garantiert, sowie aus Art. 1 Grundgesetz, der die Menschenwürde gewährleistet.

Der rechtliche Reflex, der sich aus einem solchen Telos ergibt, ist die Vermeidung von Schäden, von Straftatbeständen und auch der zivilrechtlichen Haftung. Es wurde heute bereits auf die instrumentalen Kautelen hingewiesen, die die Forschung am Menschen aus rechtlicher Sicht ermöglichen. Ich möchte diese Kautelen die *rechtliche Trichotomie der Humanforschung* nennen. Gemeint sind - ich wiederhole lediglich - die *Vertretbarkeit,* insbesonder die ärztliche Vertretbarkeit eines konkreten Forschungsvorhabens am Menschen, zum zweiten die *Aufklärung* der an dem Forschungsvorhaben beteiligten Personen, wobei selbstverständlich auf die Individualität des einzelnen einzugehen ist, um eine für ihn möglichst begreifbare Darstellung der Risiken geben zu können. Der dritte eherne Bestandteil des rechtlichen Schutzinstrumentariums ist schließlich die *Einwilligung* des Prüfungsteilnehmers.

Damit ist eine rechtliche Absicherung der Humanforschung erfolgt. Sie basiert in aller Regel auf einer Ausprägung des § 226 a Strafgesetzbuch, wonach eine Körperverletzung mit Einwilligung rechtmäßig ist, falls die Tat nicht trotzdem gegen die guten Sitten verstößt. Für den Sonderfall der erstmaligen Prüfung eines noch nicht zugelassenen Arzneimittels am Menschen, und zwar auch in der Form der Doppelblindprüfung, hat der Gesetzgeber eine Spezialnorm geschaffen. Es handelt sich hier um die bereits in anderen Beiträgen erwähnten §§ 40, 41 Arzneimittelgesetz (AMG).[1] Einer staatlichen Genehmigung der klinischen Prüfung bedarf es in der Bundesrepublik Deutschland nicht. Lediglich sind die Ergebnisse der vorgängig durchgeführten und durchzuführenden pharmakologisch-toxikologischen

[1] Vom 24. August 1976 (BGBl. I S. 2448).

Prüfung des Arzneimittels beim Bundesgesundheitsamt zu hinterlegen.[2] Im Gegensatz dazu enthält § 41 der Strahlenschutzverordnung[3], wie im Laufe der Diskussion bereits zutreffend erwähnt, das Genehmigungserfordernis für den Fall, daß ein Arzneimittel mit radioaktiv markierter Substanz am Menschen geprüft werden soll. Auch im Ausland haben sich inzwischen Normen zum Schutze des Teilnehmers an Arzneimittelprüfungen gebildet. Es wird hingewiesen auf die USA,[4] auf Österreich[5] und auf Jugoslawien[6].

Die Art und Weise, wie eine klinische Prüfung am Menschen als Sonderfall der Humanforschung durchzuführen ist, hat als Kondensat wissenschaftlicher Überzeugungen im deutschen Arzneimttelgesetz seinen mittelbaren Niederschlag gefunden, vgl. § 25 Abs. 2 Nr. 2 AMG. Hinzu kommen jedoch eine Reihe internationaler Richtlinien und Empfehlungen, von denen beispielsweise genannt werden sollen die Richtlinie der WHO über die Arzneimittelprüfung am Menschen[7] und entsprechende „Proposed International Guidelines for Biomedical Research Involving Human Subjects", erarbeitet von der WHO gemeinsam mit dem Council for International Organizations for Medical Sciences aus dem Jahre 1982[8].

Daß die Arzneimittelprüfung speziell schließlich auch auf EG-Ebene geregelt ist, soll nur kurz erwähnt werden. Es handelt sich hierbei um die sogenannte EG-Richtlinie „Normen und Protokolle" aus dem Jahre 1975.[9]

Einzelprobleme der klinischen Arzneimittelprüfung

Ziel einer jeden Arzneimittelprüfung ist der Nachweis der *Wirksamkeit* und *Unbedenklichkeit* des Arzneimittels. Dies läßt sich § 25 AMG entnehmen. Tatsächlich ist in diesem Zusammenhang die Durchführung einer klini-

---

[2] Dies ergibt sich aus § 40 Abs. 1 Nr. 6 AMG.

[3] v. 13. Oktober 1976 (BGBl. I S. 2905).

[4] Code of Federal Regulations Title 21 Part 312.20; Part 314.1 (b) Nr. Nr. 17; Part 56, Stand: 1. April 1984.

[5] §§ 28–48 Arzneimittelgesetz v. 2. März 1983 (Bundesgesetzblatt für die Bundesrepublik Österreich v. 25. März 1983, S. 927).

[6] Art. 22 des Gesetzes über den Vertrieb von Arzneimitteln (Amtsblatt der Sozialistischen Föderativen Republik Jugoslawien Nr. 58 v. 31. 12. 1976).

[7] Guidelines for Evaluation of Drugs for Use in Man (WHO Techn. Rep. Series No. 563 (1975); in deutscher Übersetzung abgedruckt bei Hasskarl-Kleinsorge (1979), Arzneimittelprüfung - Arzneimittelrecht, Nationale und internationale Bestimmungen und Empfehlungen, 2. Auflage. Stuttgart New York, S. 331 ff.

[8] CIOMS, Genf 1982.

[9] Richtlinie des Rates vom 20. Mai 1975 zur Angleichung der Rechts- und Verwaltungsvorschriften der Mitgliedsstaaten über die analytischen, toxikologisch-pharmakologischen und ärztlichen oder klinischen Vorschriften und Nachweise über Versuche mit Arzneispezialitäten (75/318/EWG), Amtsblatt Nr. 147 v. 9. 6. 1975, S 1 geändert durch die Richtlinie des Rates v. 26. 10. 1983 (83/570/EWG), Amtsblatt Nr. 332 v. 28. 11. 1983.

schen Prüfung vorgeschrieben, wie sich aus §22 Abs. 2 Nr. 3 AMG ergibt. In welcher Form die klinische Prüfung durchzuführen ist, also ob sie beispielsweise einfachblind oder doppelblind oder in welcher anderen Weise durchzuführen ist, ist im Gesetz selbst nicht geregelt. Demgegenüber enthält der soeben bekanntgewordene Entwurf der SPD-regierten Länder zur Änderung des Arzneimittelgesetzes[10] unter bestimmten Voraussetzungen die Bestimmung, daß neue Arzneimittel stets kontrolliert, das bedeutet im Vergleich der Testgruppe gegen die Kontrollgruppe, geprüft werden.

Begrenzung der ärztlichen Handlungsfreiheit

Festzustellen ist zunächst, daß das therapeutische Ermessen des Arztes im Rahmen der klinischen Arzneimittelprüfung begrenzt wird. Diese Beschränkung ergibt sich daraus, daß §25 Abs. 2 Nr. 2 AMG vorschreibt, daß eine Arzneimittelprüfung, damit also auch insbesondere eine klinische Prüfung, jeweils anhand des gesicherten Standes der wissenschaftlichen Erkenntnisse durchzuführen ist. Diese Einschränkung bedingt zugleich eine permanente Fortbildungs- und Informationsverpflichtung auf der Seite des Arztes,[11] der nur auf diese Weise den Stand der wissenschaftlichen Erkenntnisse erfahren und anwenden kann.

Der Gesetzgeber hat jedoch im Hinblick auf die Notwendigkeit, auch auf diesem Gebiet *Rechtssicherheit* zu schaffen, eine andere Lösung gefunden. In §26 AMG, der mit „Arzneimittelprüfrichtlinien" überschrieben ist, wird der Bundesgesundheitsminister ermächtigt, allgemeine Verwaltungsvorschriften über die von der zuständigen Bundesoberbehörde an die analytische, pharmakologisch-toxikologische und klinische Prüfung zu stellenden Anforderungen bekannt zu machen. Diese Vorschriften müssen dem jeweils gesicherten Stand der wissenschaftlichen Erkenntnisse entsprechen und sind laufend an diesen anzupassen. Bedauerlicherweise übrigens hat der Bundesminister trotz dieser gesetzlichen Ermächtigung und, wie ich meine, Verpflichtung, die sich aus dem EG-Recht[12] ergibt, diese Arzneimit-

---

[10] Nr. 9 (betreffend §22 Abs. 2 Satz 3 AMG) und Nr. 10c) (betreffend §25 Abs. 2 Satz 3 AMG) der Bundesratsdrucksache 313/85 v. 19. 6. 1985.

[11] s. auch A. Laufs (1984) Arztrecht, München, 3. Aufl. Rdnr. 105 und 306, E. Deutsch (1983) Arzt- und Arzneimittelrecht, Berlin Heidelberg New York Rdnr. 22; beispielhaft §7 Abs. 1 der Berufsordnung für die Ärzte in Rheinland-Pfalz, Ärzteblatt Rheinland-Pfalz, Heft 8/1979.

[12] Art. 3 Abs. 1 der Richtlinie „Normen und Protokolle" (s. Anmerkung 9) verpflichtete die Bundesrepublik Deutschland, den Inhalt der Richtlinie bis Ende 1976 in deutsches Recht umzusetzen. Trotz der formalen Nichtumsetzung dürfte die Richtlinie inzwischen geltendes Recht geworden sein; vgl. zur unmittelbaren Anwendbarkeit von EG-Richtlinien bei Nichttransformierung neuestens A. Bleckmann (1984), Recht der internationalen Wirtschaft, 774 ff.

telprüfrichtlinien bisher nicht erlassen. Die Praxis allerdings behilft sich hier einerseits mit der Prüfrichtlinie aus dem Jahre 1971[13] sowie der EG-Richtlinie „Normen und Protokolle“ aus dem Jahre 1975[14].

Staatliche Kontrolle der Arzneimittelzulassung

Die staatliche Kontrolle in Bezug auf Arzneimittel erfolgt in dreifacher Weise. Sie erfolgt einmal *präventiv* dadurch, daß derjenige, der ein Arzneimittel zur Zulassung bringen will, seinerseits bereits gehalten ist, gemäß § 26 AMG in Verbindung mit § 25 Abs. 2 Nr. 2 AMG den jeweils gesicherten Stand der wissenschaftlichen Erkenntnisse einzuhalten und bei der Prüfung und Entwicklung zugrunde zu legen. *Repressiv* ist diese Kontrolle in den Fällen, in denen bestimmte, inkriminierte Verhaltensweisen unter Strafe gestellt werden. Eine solche repressive Kontrolle wird deutlich in den §§ 40, 41 AMG, die eng mit den entsprechenden Straftatbeständen des § 96 AMG zu sehen sind.[15] Schließlich ist die Kontrolle des Staates auch *konfirmatorischer* Art. Eine solche konfirmatorische Prüfung erfolgt durch das Bundesgesundheitsamt oder, allgemein gesagt, durch die zuständige Bundesoberbehörde im Zusammenhang mit der Zulassung des Arzneimittels. Unter anderem muß dabei geprüft werden, ob der Stand der wissenschaftlichen Erkenntnisse tatsächlich erreicht worden ist und ob der Nachweis der Wirksamkeit und Unbedenklichkeit gelungen ist.

Staatliche Überwachung der klinischen Prüfung

Ein besonderes Problem im Zusammenhang mit der klinischen Prüfung stellt deren staatliche Überwachung dar. Viele Bundesländer, so zum Beispiel Rheinland-Pfalz[16], Hessen[17], Nordrhein-Westfalen[18], Schleswig-Holstein[19] sind dazu übergegangen, im Wege von Verwaltungsverfügungen die

---

[13] des Bundesminister für Jugend, Familie und Gesundheit v. 11.6. 1971 (Bundesanzeiger Nr. 113 v. 25. Juni 1971).

[14] Siehe Anmerkung 9.

[15] Nach § 96 Nr. 10 AMG werden Verstöße gegen die §§ 40, 41 AMG mit Freiheitsstrafe bis zu einem Jahr geahndet.

[16] Verwaltungvorschrift vom 18. Juni 1982 (Ministerialblatt der Landesregierung von Rheinland-Pfalz 1982, S. 353 f.).

[17] Staatsanzeiger für das Land Hessen v. 15. 10. 1982, Heft Nr. 45, S. 1976 f.

[18] Entwurf eines Runderlasses des Minister für Arbeit, Gesundheit und Soziales v. 10. 9. 1984.

[19] Bekanntmachung des Sozialministers v. 7. Dezember 1983, Amtsbl. Schleswig-Holstein 1983, S. 446.; s. auch Rundschreiben des bad.-württ. Ministers für Arbeit, Gesundheit und Sozialordnung vom 12. Juni 1981.

klinische Prüfung der Überwachung durch die Länderbehörden zu unterstellen. Daß es ganz erhebliche rechtliche Zweifel daran gibt, ob die Ermächtigungsgrundlage der §§ 64, 69 AMG der Landesüberwachungsbehörde ein solches Überwachungsrecht bezüglich der klinischen Prüfung überhaupt gibt, ist weitgehend bekannt.[20] Auch die Bundesregierung selbst hat einige Zweifel und hat es daher für richtig gehalten, für eine geplante Novelle des Arzneimittelgesetzes die klinische Prüfung als Gegenstand staatlicher Überwachung zu normieren.[21] Daß wir es hier mit einem prinzipiell bedenklichen und vielleicht bedeutsamen Fall des Eingriffs des Staates in das durch Art. 5 Abs. 3 Satz 1 GG geschützte Recht auf die Freiheit von Lehre und Forschung zu tun haben, ist zu betonen. Eine staatliche Überwachung und gesetzliche Reglementierung von Forschung und Entwicklung verträgt sich kaum mit dem Grundgesetz, ganz abgesehen davon, daß hier ein wirklicher Regelungsbedarf im Sinne des Vermeidens von Mißbrauch nicht erkennbar ist. Umsoweniger besteht ein Bedürfnis, die klinische Prüfung selbst abhängig zu machen von einer Genehmigung der Bundesoberbehörde, wie dies in dem bereits erwähnten Entwurf der SPD-regierten Länder eines AMG-Änderungsgesetzes enthalten ist.[22]

Zulässigkeit der klinischen Studien

Die *Zulässigkeit der kontrollierten klinischen Prüfung* ist durch die bekannte Arbeit des Strafrechtlers Fincke (*Arzneimittelprüfung. Strafbare Versuchsmethoden. Erlaubtes Risiko bei eingeplantem fatalen Ausgang.*[23]) Gegenstand rechtswissenschaftlicher und darüber hinaus interfakultativer Auseinandersetzung geworden.[24] Die Thesen der Arbeit von Fincke aus dem Jahre 1977 sind heute gegenstandlos und überwunden. Es besteht daher in rechtlicher Hinsicht kein vernünftiger Zweifel mehr, daß die klinische Prüfung von Arzneimitteln grundsätzlich zulässig ist.

---

19 *(Fortsetzung)* Diesen Landesregelungen hat der Bundesminister für Jugend, Familie und Gesundheit durch § 5 der Allgemeinen Verwaltungsvorschrift zur Durchführung des AMG v. 25. August 1983 (Bundesanzeiger Nr. 163 v. 1. September 1983, S. 9649) Vorschub geleistet.

20 Vgl. etwa H. J. Schuster (1979) Pharma-Recht 1979, Ausgabe 6, S. 15 ff.; A. Sander (1979) Pharmazeutische Industrie 1979, S. 1019 ff.

21 vgl. Bericht der Bundesregierung über Erfahrungen mit dem Arzneimittelgesetz (Bundestagsdrucksache 9/1355 v. 12. 2. 1982, S. 28).

22 Nr. 18 des Entwurfs (Anmerkung 10) betreffend § 40 Abs. 1 Nr. 6 AMG.

23 Heidelberg-Karlsruhe 1977.

24 Vgl. die zusammenfassende Darstellung von Hasskarl (1979) Dtsch Ärztebl. S. 161 ff.

Verwendung von Placebos

Ein zusätzliches Problem bei der Arzneimittelprüfung ist die Verwendung des Placebos, also eines Nichtarzneimittels, das so aussieht wie ein Arzneimittel. Das Problem, insbesondere das strafrechtliche Problem, könnte hier in der Entziehung der an sich gebotenen Therapie derjenigen sein, die der Kontrollgruppe angehören, die also lediglich das Placebo erhält. Aber auch diese Placeboverwendung ist aus rechtlicher Sicht dann gesichert, wenn die Verwendung des Placebos aus ärztlicher Sicht im konkreten Fall vertretbar ist. Im übrigen gehen die Vorschriften der EG-Richtlinie „Normen und Protokolle“ von der Regel der Placeboprüfung aus.[25] Im Zusammenhang mit dem neuesten EG-Vorschlag zur Förderung hochtechnologischer Arzneimittel,[26] hat die Kommission der Europäischen Gemeinschaft es für erforderlich gehalten, diesen Richtlinienänderungsvorschlägen flankierende Maßnahmen an die Seite zu stellen. Besonders interessant ist, daß sie expressis verbis bei der Prüfung von Arzneimitteln für periphere arterielle Durchblutungsstörungen die Placeboverwendung vorschreibt.[27]

Trendaufklärung

Ein in letzter Zeit besonders von Strafrechtlern und Statistikern erkanntes und diskutiertes Problem ist das der sog. Trendaufklärung im Ablauf einer kontrollierten klinischen Prüfung mit Arzneimitteln. Daß die Biometrie in diesem Zusammenhang eine ganz besondere Rolle spielt, unterliegt keinem Zweifel. Ob eine Zwischenauswertung erfolgen muß oder nicht, ist im einzelnen fraglich. Gesichert ist jedenfalls, daß der Arzt hier die strafrechtliche Funktion einer Garantenstellung besitzt. Geklärt werden muß für ihn, und zwar von vornherein, wann von einem Trend zu sprechen ist, der zu einem Handeln bis hin zum Abbruch der Studie nötigt. Festzulegen sind insbesondere natürlich die Kriterien für den Abbruch einer begonnenen klinischen Prüfung. Hinzuweisen ist auch darauf, daß hier ein Konflikt zwischen Strafrecht und Arzneimittelrecht entstehen könnte. Während das Arzneimittelrecht grundsätzlich den reproduzierbaren Nachweis der Wirksamkeit und Unbedenklichkeit durch eine statistisch abgesicherte und also wie geplant zu Ende geführte kontrollierte klinische Studie fordert, könnte sich aus dem Strafrecht die Notwendigkeit ergeben, eine solche Prüfung nicht zu Ende zu führen. Wie dieser Konflikt im Einzelfall zu lösen ist, insbesondere wie auch der Patient aufzuklären ist, kann nicht allgemein gesagt werden. Erneut kann als Maßstab lediglich das Wohl des Patienten dienen.

---

[25] 3. Teil (Klinische Prüfungen) Kapitel I.1.
[26] Vgl. Bundestagsdrucksache 10/2525.
[27] A. a. O., S. 40.

Arzneimittelprüfung an Minderjährigen

Daß bestimmte Arzneimittel speziell an Minderjährigen, insbesondere auch an Säuglingen, geprüft werden müssen, bevor sie zugelassen werden, ist bekannt.[28] Die besondere Schutzbedürftigkeit des Minderjährigen unterliegt keinem Zweifel. Sie hat ihren exemplarischen Ausdruck im § 40 AMG gefunden, wonach an gesunden Minderjährigen Therapeutika nicht geprüft werden dürfen. Ein wesentliches Problem stellt offensichtlich in der Praxis die Aufklärung dar, wobei es nicht nur oder manchmal gar nicht um die Aufklärung des Kindes geht, sondern um die Aufklärung der Eltern und um das Erhalten der Einwilligung der Eltern und des einsichtsfähigen Kindes.

Ethikkommissionen

Die Einschaltung sogenannter Ethikkommissionen in Humanforschungsvorhaben, insbesondere im Zusammenhang mit Arzneimittelprüfungen, ist inzwischen eine häufige Erscheinung in der Praxis. Sinn einer sog. ethischen Kommission kann es jedoch nur sein, als Beratungsorgan für den allein in der Verantwortung stehenden Arzt zur Verfügung zu stehen und ihm ein Dialogpartner bei besonderen Fragestellungen zu sein.[29] Sicherlich ist dies ein Beitrag, der ebenfalls der Sicherheit des Patienten/Probanden dient. Es ist jedoch darauf hinzuweisen, daß für die Einschaltung von sog. ethischen Kommissionen keinerlei gesetzliche Grundlage besteht, sondern daß dies auf freiwilliger Basis erfolgt. Ich halte es für richtig, daß dies nicht im Gesetz geregelt ist. Forschung und Wissenschaft vertragen sich nicht mit engmaschiger Normierung. Immerhin jedoch ist es erwähnenswert, daß in einem ganz anderen Gesetz die Einrichtung von sogenannten ethischen Kommissionen vorgeschrieben werden soll. Gemeint ist das neue Tierschutzgesetz. Die Bundesregierung hat den Entwurf eines Gesetzes zur Änderung des Tierschutzgesetzes[30] vorgelegt, das eine derartige sog. ethische Tierschutzkommission vorschreibt.[31] Das Erstaunliche daran ist, daß da-

---

28 Vgl. etwa Hasskarl (1983), Legal Requirements for Drug Testing. Pediatr Pharmacol 3/ S. 361-366.

29 Siehe auch F. W. Fischer (1981) Ethik-Kommissionen aus der Sicht der Deutschen Forschungsgemeinschaft, Arzt Krankenhaus S. 157 ff.; E. Samson (1981) Über Sinn und Unsinn von Ethikkommissionen, Dtsch med. Wochenschr S. 667 ff., vgl. auch die Satzung der Freiburger Ethikkommission, abgedruckt in: Pharmazeutische Industrie 1984, S. 598 ff. Ganz andere Aufgaben hat dagegen das amerikanische Institutional Review Board, vgl. Part 56 des Code of Federal Regulations Title 21 (Anmerkung 4).

30 Bundesratsdrucksache 524/84 vom 8. 11. 1984.

31 Art. 1 Nr. 16 des Entwurfs (= § 15 TSchG).

nach Versuchsvorhaben unter anderem nur noch genehmigt werden sollen, wenn diese ethisch sind[32] und auch von einer Kommission entsprechend so befunden wurden.[33] Für die tierexperimentelle Prüfung ist also der ungewöhnliche Fall eingetreten, daß sie im Sinne des Gesetzes ethisch sein muß, während wir etwas entsprechendes bei der Humanforschung im Gesetz nicht finden. Ich halte das allerdings im Humanbereich wie im übrigen auch im tierexperimentellen Bereich auch wegen der fehlenden Justitiabilität des Begriffs „ethisch" für entbehrlich. Immerhin läßt es erkennen, wie unterschiedlich die Maßstäbe heute sind.

Arzneimittelgewinnung mit Hilfe der Gentechnologie

Neue rechtliche Probleme im Zusammenhang mit der Durchführung der Arzneimittelprüfungen könnten sich ergeben dadurch, daß Wirkstoffe auf gentechnologische Weise hergestellt werden und möglicherweise besondere Normierungen erfordern. Es scheint jedoch so zu sein, als ob der Arzneimittelbereich hier möglicherweise nur zu einem Teil betroffen ist. Endgültiges läßt sich noch nicht sagen. Der gesamte Bereich befindet sich in der Entwicklung und ist im Umbruch. Hinzuweisen ist jedoch auf eine ganz ungewöhnliche Veröffentlichung, die ich selbst für die auf diesem Gebiet bisher bedeutsamste ansehen möchte. Es handelt sich um eine Veröffentlichung des amerikanischen Office of Science and Technology.[34] Hingewiesen wird darin auf die besondere Rolle, die die Biotechnologie geradezu revolutionär auf dem Gebiet der Arzneimittelentwicklung, des Pflanzenschutzes, aber auch des Umweltschutzes spielen kann. Die gesamten bisherigen inneramerikanischen gesetzlichen Normen oder auch nur Empfehlungen sind dort in akribischer Weise zusammengetragen. Die Lektüre dieses amtlichen Dokuments kann ich daher nur dringend empfehlen.

---

32 Art. 1 Nr. 9 des Entwurfs (= § 7 Abs. 3 TSchG).

33 Siehe Anmerkung 31.

34 Proposal for a Coordinated Framework for Regulation of Biotechnology. Federal Register, Vol. 49, No. 252 vom 31.12.1984, S. 5085-50907 (S. 50856 ff.: Allgemeines; S. 50859 ff.: gesetzliche Bestimmungen, Richtlinien und Empfehlungen; S. 50878: Policy Statement der Food and Drug Administration; S. 50880 ff.: Policy Statement der Environmental Protection Agency; S. 50897 ff.: Statement des Department of Agriculture; S. 50905 ff.: biotechnologische Begriffsdefinitionen). Zu den durch die Gentechnologie aufgeworfenen Rechtsproblemen s. neuestens E. Deutsch (1985) Gentechnologie und Recht. Z Rechtspolitik, S. 73 ff.

Zusammenfassung

Ich konnte darstellen, daß im Bereich der Humanforschung, insbesondere auf dem Gebiet der Durchführung von Arzneimittelprüfungen z. T. erhebliche, jedenfalls aber verschiedenartige rechtliche Probleme bestehen und möglicherweise neue Probleme in absehbarer Zeit hinzukommen werden. Wichtig bleibt, daß das gesamte Gebiet der Forschung am Menschen auch aus rechtlicher Sicht einer permanenten Aufmerksamkeit bedarf. Nur auf diese Weise kann auch langfristig gewährleistet werden, daß das überragende Ziel der rechtlichen Beschäftigung mit der Humanforschung erreicht wird, nämlich einen angemessenen Schutz des involvierten Menschen zu gewährleisten.

Zulassungsfragen

G. Lewandowski

Klinische Forschung und klinische Prüfung von Arzneimitteln sind für die Weiterentwicklung der Medizin unerläßlich. Sie sind Forschung am Menschen. Der Mensch ist hier nicht nur Akteur, sondern auch Gegenstand der Forschung. Rechtliche und ethische Regeln sind zum Schutz seiner persönlichen Freiheit und Entscheidung unverzichtbar. Diese Schranken dürfen wir nicht beklagen. Die meisten dadurch entstehenden Schwierigkeiten lassen sich mit Phantasie und menschlicher Zuwendung zum Patienten und Probanden überwinden. Letzte unübersteigbare Grenzen müssen wir anerkennen: Weder das Ziel wissenschaftlichen Erkenntnisgewinns überhaupt, noch die Forschung für die Gesundheit, das so oft beschworene Wohlgut (manche nennen es das höchste), rechtfertigen die Verletzung persönlicher Freiheit.

Klinische Forschung und klinische Prüfung dienen nicht nur der Suche nach neuer Erkenntnis, sondern auch zu Beweiszwecken. Die Arzneimittelgesetze verlangen heute regelmäßig den Nachweis erfolgreicher klinischer Prüfung von Arzneimitteln vor der Zulassung. Diese leicht unterschiedliche Zielsetzung kann die Prüfpraxis in gewissem Sinne denaturieren und bedarf sorgfältiger Kontrolle.

Der Nachweis von Wirksamkeit und Unbedenklichkeit ist unbestritten die wichtigste und wesentlichste Zulassungsvoraussetzung. Die Vorschrift des § 22 AMG schreibt die klinische Prüfung für Arzneimittel vor, deren wirksame Bestandteile in der medizinischen Wissenschaft nicht allgemein bekannt sind, für die sog. „new chemical entities". Das Gesetz schreibt die Prüfung nach dem Stand wissenschaftlicher Erkenntnis vor, nicht die Verfahren und die Methodik, auch nicht den randomisierten klinisch kontrollierten Versuch. Über Inhalt, Umfang und Verfahren der klinischen Prüfung ist im Einzelfall nach wissenschaftlichen Erfordernissen zu entscheiden. Sicher gibt es Regelanforderungen; sie schließen aber die Abweichungen im begründeten Einzelfall nicht aus.

Wie vergleichbare Regelwerke versuchen auch die entsprechenden Prüfrichtlinien der Europäischen Gemeinschaft, hier v. a. die sog. „Normen und Protokolle", Prüfverfahren zu vereinheitlichen oder zumindest zu harmonisieren. Ihre Vorschriften dürfen aber nicht unter allen Umständen als zwingend interpretiert werden, wenn man nicht am komplexen und sich weiterentwickelnden Stand der Wissenschaft vorbei handeln will. Sie sollten deshalb besser als Sollvorschriften aufgefaßt werden, mitunter auch als Empfehlungen. Die Verrechtlichung technischer Prüfvorschriften bis ins einzelne könnte sonst entweder zu unwissenschaftlichen Prüfritualen führen, oder bei wissenschaftlicher Sorgfalt die Auflehnung gegen rechtliche Gebote nahe legen. Beides muß vermieden werden. Vor einer uferlosen Produktion europäischer Richtlinien zur Regelung technischer Einzelheiten auf diesem Gebiet ist eindringlich zu warnen. Sie wirkt sklerotischen Erscheinungen der Gemeinschaft nicht entgegen und ersetzt nicht den nötigen Willen zu Fortschritten in der Integration.

Die vernünftige Forderung des Arzneimittelgesetzes an die klinische Arzneimittelprüfung richtet sich auf den Nachweis hinreichender Wirksamkeit und Unbedenklichkeit durch zulässige und wissenschaftlich geeignete Verfahren. Sie sollen nach jeweiligem Kenntnisstand eine möglichst hohe Wahrscheinlichkeit des diagnostischen, prophylaktischen oder therapeutischen Erfolgs belegen. In der europäischen Rechtsgeschichte haben wir den Weg zum Gottesurteil über die förmlichen Beweisverfahren bis zum modernen Grundsatz der freien Beweiswürdigkeit erfolgreich zurückgelegt. Auch die Medizin kennt den Weg von Magie und Ritual zur wissenschaftlich begründeten Therapie. Die freie Beweiswürdigkeit der in der klinischen Prüfung gewonnenen Daten, Beobachtungen und Befunde, ist Grundprinzip der arzneimittelgesetzlichen Regelung. Deshalb sehe ich auch bei den von der Bundesregierung zur Zeit vorbereiteten Prüfrichtlinien nach § 25 AMG für detaillierte Einzelregelungen keinen Anlaß.

Nicht nur die Ergebnisse klinisch kontrollierter Studien, nicht nur nach allen Regeln der Kunst gewonnene statistisch epidemiologische Daten, auch klinische Erfahrungen und Einzelbeobachtungen können beim Nachweis von Wirksamkeit und Unbedenklichkeit von Arzneimitteln im Zulassungsverfahren eine Rolle spielen. Die Existenz von Regelanforderungen zwingt nicht zu schematischem Vorgehen. Entscheidend ist der wissenschaftliche Aussagewert im Einzelfall.

Auch sog. Phase-IV-Studien, sowohl in der Klinik als auch beim niedergelassenen Arzt, haben für die Zulassung zunehmende Bedeutung, v. a. aber für die Sicherung ihres Bestandes nach Markteintritt des Präparates. Natürlich sind damit keine sog. promotional studies gemeint, lediglich zu Werbezwecken veranstaltete „Feldstudien“, die in ihrem geistigen Anspruch dümmlichen Preisausschreiben vergleichbar sind, denen selbst Donald Duck gewachsen wäre. Sie sind mit Recht in Verruf gekommen. Es ist nur schade, daß es diese Praxis überhaupt gegeben hat, die unsere Glaubwürdigkeit gefährdet. Die allenthalben zu beobachtende Abkehr von derartigen Praktiken ist nur zu begrüßen.

So wichtig die strikte Einhaltung der rechtlichen und ethischen Regeln ist, spielt ihre Einhaltung für die Beweisführung im Verfahren der Zulassung und Risikoabwehr rechtlich keine Rolle; für die Sicherheitsentscheidung über ein Arzneimttel, seine Wirksamkeit und Unbedenklichkeit, können und müssen u. U. Ergebnisse berücksichtigt werden, die auf rechtswidrigen Wegen gewonnen sind. Diese Feststellung mag überraschen, sollte auch unter keinen Umständen als Aufforderung zum Regelverstoß mißverstanden werden, muß aber bei einer vollständigen Darstellung der Rechtssituation erwähnt werden. Im Interesse der Gesundheit behandlungsbedürftiger Patienten dürfen weder Ergebnisse unberücksichtigt bleiben, die eine bisher nicht bekannte Wirksamkeit belegen, noch solche, die ein bisher unbekanntes Risiko begründen.

Medizinische Probleme der Forschung am Kind

E. Gladtke

Neue Arzneimittel werden beim Kind i. allg. erst dann eingesetzt, wenn sie beim Erwachsenen erprobt sind. Erwartet der behandelnde Arzt für seine Patienten von einem neuen Mittel deutliche Vorteile im Vergleich zum bisher üblichen Vorgehen, so wird er dieses neue Mittel auch dann beim Kind anwenden müssen, wenn die Erprobung beim Erwachsenen noch nicht abgeschlossen ist. Aus ehtischen Gründen kann er nicht anders handeln.

Wenn jedoch ein Vorstoß in Neuland erfolgversprechend zu sein scheint, muß die Zustimmung eingeholt werden. Es ist hierbei daran zu denken, daß sachunkundige Eltern über Wohl und Wehe eines nicht mündigen Dritten zu entscheiden haben. Rechtlich ist die Situation eindeutig, die Verantwortung liegt bei den Eltern. Verantwortlich fühlen wird sich aber der Arzt.

Im allgemeinen werden Eltern dem Vorgehen zustimmen können, wenn ihrem Kinde ein echter Vorteil zugute zu kommen scheint. Für harmlos erscheinende Untersuchungen, die dann häufig nötig sind, macht der Konsens erfahrungsgemäß kaum Schwierigkeiten: Harnuntersuchungen, EKG, EEG, auch Blutentnahmen, wenn sie zugleich mit anderen therapeutisch oder diagnostisch notwendigen Maßnahmen erfolgen. Ausdrücklich möchte ich darauf hinweisen, daß das Pendel bei dem Wunsch, Innovationen in die Pädiatrie zu übertragen, nicht in das andere Extrem ausschlagen darf: überzogenes Sicherheitsstreben und bürokratisches indoktriniertes Denken darf auf keinen Fall Initiative, Kreativität und Aktivität hemmen. Die Generation von morgen hat ein Anrecht darauf, von unseren Leistungen und Erfahrungen zu profitieren, wie wir die Nutznießer der medizinischen Erfolge von gestern sind.

Es ist rechtlich richtig, mit den Eltern des Kindes darüber zu sprechen, daß man ein neues Medikament einsetzt und den Einsatz kontrollieren möchte und daß man bestrebt ist, den Konsens nach Diskussion aller Zweifel einzuholen.

Die Überzeugung, dem Kind helfen zu können, ist ärztlich richtig. Wenn beides zusammentrifft, ist das Problem der Prüfung von Arzneimitteln bei Kindern, insbesondere das ethische Problem, gelöst.